Mentale High-Performance

Die Kunst, dein Gehirn vollständig zu nutzen

BENJAMIN SCHOLLÄN UND ELENA LAUTENSCHLAGER

Remote Verlag
www.remote-verlag.de

MIX
Papier aus verantwortungsvollen Quellen
Paper from responsible sources
FSC® C105338

Bibliografische Information der Deutschen Nationalbibliothek

Die Deutsche Nationalbibliothek verzeichnet diese Publikation in der Deutschen Nationalbibliografie; detaillierte bibliografische Daten sind im Internet über http://dnb.dnb.de abrufbar.

Für Fragen und Anregungen:
info@remote-verlag.de

ISBN Print: 978-3-948642-38-9
ISBN E-Book: 978-3-948642-39-6

Originalausgabe
Erste Auflage 2021
© 2021 by Remote Verlag, ein Imprint der Remote Life LLC, Powerline Rd., Suite 301-C, 33309 Fort Lauderdale, Fl., USA

Projektleitung: Nico Hullmann
Manuskriptbearbeitung: Katrin Gönnewig, Annika Hülshoff
Umschlaggestaltung: Wolkenart - Marie-Katharina Becker, www.wolkenart.com
Abbildungen im Innenteil: © Benjamin Schollän und Elena Lautenschlager
Satz und Layout: Melvyn Paulino

Abonnieren Sie unseren Newsletter unter: www.remote-verlag.de

Inhalt

Eine neue Art zu denken

Die einzigen Grenzen in unserem Leben sind die, die wir uns selbst setzen. Als wir das erkannt hatten, ließ uns dieser Gedanke keine Ruhe mehr. Wir, die Autoren dieses Buches, sind zwei junge Menschen, die beide ihr Geld mit geistiger Arbeit verdienen. Unser Gehirn ist also unser Kapital. Und der Tag, an dem wir erkannt haben, dass die Leistungskraft dieses wunderbaren Organs komplett durch uns beeinflussbar ist, war der Tag, an dem wir uns auf eine Mission begeben haben. Die Mission lautete: So viel Wissen wie nur irgend möglich über die Möglichkeiten, echte geistige High Performance zu erzielen, zusammenzutragen

Wir haben uns durch unzählige Studien gearbeitet, haben Berichte von Psychologen gelesen, uns mit Beratern von Unternehmensvorständen getroffen und auch Reisen zu Lehrern gemacht, die psychologische Techniken nutzen, um 100 % des Gehirns nutzbar zu machen.

Unser Ziel war es, eine Anleitung zu entwickeln, mit der es jedem möglich ist, die eigenen Grenzen nicht nur zu überschreiten, sondern diese gleich neu zu setzen. Eine Anleitung, die ohne kompliziertes Fachchinesisch, das uns in vielen Studien begegnet ist, auskommt, sondern auf den Punkt gebracht die wichtigsten Schritte erklärt.

Genau das haben Sie gerade vor sich: Eine Komplettlösung, mit der Sie, wenn Sie aktiv damit arbeiten, geistige Leistungen erreichen können, die Ihr Umfeld erstaunen werden.

Zum Schluss des Vorwortes noch ein Hinweis: Wir benutzen wegen der besseren Lesbarkeit in diesem Buch in der Regel nur die weibliche oder männliche Form. Selbstverständlich schließen wir damit aber immer alle Geschlechter ein.

Wie funktioniert das Gehirn

Autobahnen des Wissens

Wenn Sie Ihre geistige Leistung steigern wollen, ist es wichtig zu verstehen, wie dieses wundersame Gerät in unserem Kopf funktioniert. Denn selbst wenn Sie nichts außer dieses Kapitel berücksichtigen, können wir Ihnen schon mindestens 50 % bessere Leistung versprechen.

So sieht es in Ihrem Verstand aus, wenn man nur nah genug heranzoomt.

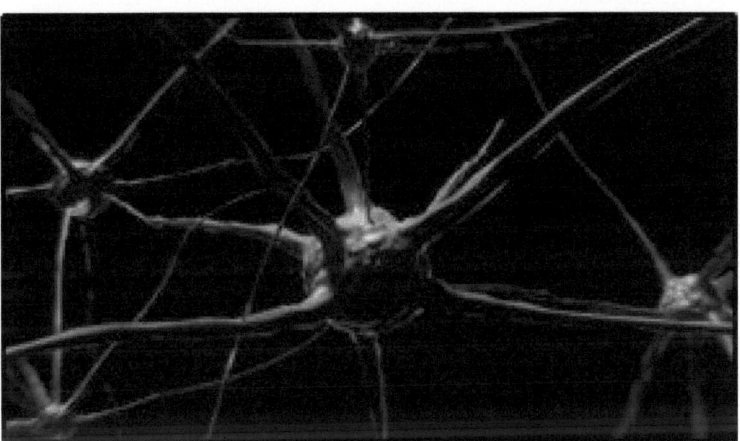

Und so sieht es in Ihrem Verstand nach einem Tag vor dem Fernseher aus.

Das ist übrigens kein Witz – Forscher von Stanford haben in einer Studie von 2009 tatsächlich sichtbare physische Unterschiede zwischen den Gehirnen von Menschen, die viel lesen, und von Menschen, die viel Zeit vor der Lebenszeitvernichtungsmaschine verbringen, festgestellt.

Eine Auswertung der CARDIA-Studie (Coronary Artery Risk Development in Young Adults) (Jared Reis, 1983) zeigt, dass durch starken Fernsehkonsum der geistige und hirnorganische Abbau angeheizt wird. Oder einfach gesagt, das Gehirn schrumpft. Zumindest der Bereich, der für die Intelligenz zuständig ist.

Laut der Studie zeigen Menschen, die über 20 Jahre hinweg täglich vier oder mehr Stunden durch das Fernsehprogramm zappen, im mittleren Lebensalter ein stark verringertes Volumen der grauen Substanz auf, anders als solche mit moderatem oder geringem Fernsehkonsum. Diese graue Masse ist genau das, was für die Rechenleistung im Gehirn zuständig ist.

Uns interessiert hier aber nicht, wie man es falsch, sondern wie man es richtig macht.

Stark vereinfacht können Sie sich das Speichern von Wissen vorstellen wie auf diesem Bild:

Jeder Kreis steht für einen Fakt oder eine Erkenntnis. Viel interessanter als die Kreise sind aber die Verbindungen zwischen den Fakten. Denn diese Verbindungen zu bauen nennen wir lernen. Das Einspeichern von Fakten ist jedoch kein Lernen. Denn in dem Moment, in dem eines dieser Kügelchen, auch Neuron genannt, nicht genug Verbindungen zum Rest des Gehirns hat, wird es nicht mehr ordentlich mit Energie versorgt.

Das Wissen „verhungert". Damit kommen wir auch schon zum einfachsten Weg, Wissen langfristig abzuspeichern:

Stellen Sie viele Verbindungen zu bereits vorhandenem Wissen her, wird alles Neue genau daran angeknüpft und ist gleich gut an die Datenautobahn angebunden. Noch besser: Je mehr Wissen Sie in Ihrem Leben aufnehmen, desto mehr Punkte gibt es für alles Neue zum Andocken.

Auch wenn es widersprüchlich klingt: Je mehr Sie auf Ihrer Festplatte speichern, desto schneller und leistungsstärker wird sie werden.

Es reicht aber nicht nur, etwas zu wissen, Sie wollen es natürlich auch abrufen können, wenn Sie es brauchen. Auch dabei hilft es, zu verstehen, wie Wissen abgespeichert wird. Denn wir erinnern uns immer nur, wenn wir von Fakt zu Fakt über die einzelnen Verbindungen springen.

Wichtig ist nämlich nicht nur das Verknüpfen des Gespeicherten, sondern auch der Weg zum Abrufen.

Wenn Sie einen Fakt abrufen wollen, können Sie übrigens auch andere Fakten im Gehirn zum Suchen ansteuern. Versuchen Sie doch einfach zu überlegen: Wer war dabei, als ich das gelernt habe? Wie sah der Raum aus? Wie war generell der Tag? Jeder dieser Punkte ist wahrscheinlich in der Nähe der gesuchten Datei abgespeichert und ein potenziell guter Startpunkt für die Suche.

Arten von Intelligenz

Es gibt wohl kaum ein Wort, das so ungerecht verwendet wird wie *Intelligenz*.

Sicherlich, es gibt Menschen, bei denen wir uns fragen, wie nah die Schaukel in der Kindheit an die Hauswand gebaut war.

Aber jetzt einmal ernsthaft – auch da schauen wir uns immer nur einen kleinen Teil des Menschen an.

Machen Sie also nicht den Fehler, Menschen gleich wegen scheinbar mangelnder Intelligenz in eine mentale Schublade zu stecken.

Denn der Begriff ist weit gefasst. So weit, dass es in der Wissenschaft acht Arten davon gibt.

Bei einigen kann man sich vielleicht streiten, ob das Intelligenz ist, aber dennoch werfen wir jetzt einen Blick auf alle acht.

Sie werden sehen, dass viele Menschen, die in unserer Gesellschaft gar nicht als klug gelten, in Wahrheit schlauer sind, als Sie glauben.

Linguistische Intelligenz
- Lernen von Sprachen und Wörtern
- Das Gefühl, wann ein Satz gut klingt

Logische Intelligenz
- Der Sinn für Zahlen
- Vordenken von Zusammenhängen

Optische Intelligenz
- Intuitive Positionierung
- Ästhetisches Verständnis

Physische Intelligenz
- Geschicklichkeit
- Koordination von Bewegungen im Sport

Persönliche Intelligenz
- Selbstbild
- Zielorientierung

Umweltintelligenz
- Bewusstsein, um dem Umfeld Gutes zu tun
- Harmoniebedürfnis

Soziale Intelligenz
- Taktgefühl bei anderen Menschen
- Empathie

Sie sehen also, dass jemand, der vielleicht nicht die besten logischen Fähigkeiten hat, aber dafür harmoniebedürftig einen Streit schlichten kann, definitiv auch intelligent ist. Denn das Erkennen sozialer Zusammenhänge ist – genau wie das Berechnen einer Gleichung – mit Arbeit für das Gehirn verbunden. Wenn Sie herausfinden können, welche Intelligenz bei Ihnen besonders ausgeprägt ist, sollten Sie genau um diese herum Ihre Ziele aufbauen.

Viele wirklich fähige Menschen lassen sich aber leider von der Schule aus der Fassung bringen, denn hier werden fast nur die logische und die linguistische Intelligenz bewertet.

Wer diese beiden Arten aber nicht optimal ausgeprägt hat (über 70 % der Menschen also), wird immer wieder das Gefühl haben, nicht schlau zu sein. Das ist aber Schwachsinn, den Sie sich bitte nicht einreden lassen und den Sie sich auch schon gar nicht selbst einreden sollten.

Ein Kind, das eine Eins in Musik und eine Fünf in Mathe hat, braucht keinen Nachhilfeunterricht in Mathe, dem Fach, das das Kind nicht mag.

Es braucht eine Förderung in der Musik, dem Fach, das es liebt.

Denn egal welche wirklich erfolgreiche Person Sie sich anschauen – die wenigsten sind wegen eines ausgewogenen Schulzeugnisses bekannt geworden. Ganz im Gegenteil: Diese Leute konnten irgendeine Sache richtig gut und haben diese dann ausgebaut.

Wäre Michael Jackson ein so großer Musiker geworden, wenn er vor seiner Karriere erst einmal geschaut hätte, dass er eventuelle Defizite in Englisch, Sozialkunde oder Latein abbaut? Natürlich nicht.

Erfolg kommt immer dann, wenn wir die eine Sache, die wir können, verstärken und nicht indem wir uns durch unsere Schwächen quälen.

Anker los!

Anker sind eines unserer Lieblingswerkzeuge im Gehirn. Klingt schmerzhaft?

Keine Angst, tut gar nicht weh. Im letzten Kapitel haben Sie bereits erfahren, dass alles miteinander verknüpft aufgenommen wird. Aber wie genau nehmen wir es auf?

Viele Menschen denken, dass Lesen ein guter Weg ist, um Wissen aufzunehmen.

Wer hat aber gesagt, dass wir nur Text speichern können? Sie haben bedeutend mehr Aufnahmemöglichkeiten. Speichern Sie nicht nur Text und Fakten. Wie das geht? Geschmack kann zum Beispiel auch ein Anker sein. Es funktioniert nachweislich. Sie erzielen zum Beispiel nachweislich bessere Ergebnisse, wenn Sie beim Lernen eines Faches einen bestimmten Kaugummi kauen. Denn so wird auch ein Pfad zum Geschmack gezogen. Wenn Sie in einer Prüfungssituation genau dieses Fach abrufen wollen, müssen Sie sich an den Geschmack erinnern oder den Geschmack direkt spüren.

Es wird Ihnen leichter fallen, das Wissen aufzurufen. Das klappt aber nur, wenn Sie diesen Geschmack nur während der Beschäftigung mit diesem Thema schmecken. Den Geschmack immer wieder im Alltag zu schmecken, verwässert den Effekt. Er muss also exklusiv für ein Gebiet reserviert sein.

Kopplungen an Gefühle oder Orte funktionieren ebenso. Deswegen funktioniert die Loci-Technik auch so gut, die wir uns im Kapitel über das Lernen genauer anschauen werden.

Farben funktionieren zwar auch, der Effekt ist aber bedeutend schwächer. Aber wenn wirklich alles zu einem Thema in einer Farbe gehalten wird und Sie diese Farbe dann beim Abrufen des Wissens sehen, erleichtert Ihnen auch das enorm das Anwenden des Wissens.

In der Theorie funktionieren auch Gerüche, sogar mit Abstand am besten. Wir glauben allerdings, dass wir nur in den wenigsten Situationen die Möglichkeit haben, einen Räucherstäbchenhalter zur besseren Erinnerung aufzustellen.

Aber auch im Alltag bestimmen Anker unser Verhalten, ohne dass wir es merken. Was sind beispielsweise Ihre ersten Gedanken, die Sie an das Wort *Jogginghose* geknüpft haben? An der Universität von Michigan wurde in den 90er Jahren ein interessanter Versuch gemacht: Frauen, die einen Bikini getragen haben, schnitten beim Lösen von Matheaufgaben schlechter ab als Frauen, die mehr anhatten. Auch wenn das eine Steilvorlage für chauvinistischen Humor ist, überlasse ich die Bewertung Ihrer Fantasie.

An der California State University wurden 90 Studenten zu verschiedenen Tests eingeladen. Einige im Stil „Collection de Assi", also mit Jogginghose und weitem Shirt, andere in Alltagskleidung und wieder andere in Arbeitsoutfits. Die Ergebnisse waren eindeutig: Je lockerer und weniger formell die Kleidung, desto niedriger die Leistung. Teilnehmer in einem Arztkittel waren in einem Versuch an der Northwestern University bei Konzentrationsübungen fast doppelt so leistungsstark.

Kleider machen also wirklich Leute, dem Anker sei Dank. Denken Sie daran, wenn Sie das nächste Mal in Jogginghose an Ihrem Schreibtisch sitzen.

Ich verstehe Sie nicht, sprechen Sie bitte schneller

Es ist richtig schwer, Ihnen zu folgen. Könnten Sie bitte schneller sprechen? Wenn Sie jetzt gerade denken „Was haben die denn für einen am Sender?", erzählen wir Ihnen gern, warum das so ist. Also das mit der Geschwindigkeit, die andere Frage ist nicht Thema des Buches.

Unser Gehirn sucht sich immer Nebenaufgaben. Denn wenn unser Gehirn nicht zu 100 % ausgelastet ist, ist hier schon der erste Fehler im Text. Geistig sind wir nämlich immer zu 100 % ausgelastet.

Sie kennen das vielleicht. Jemand erzählt etwas. Da man Gentleman oder Gentlewoman sein möchte und nicht unterbrechen will, hört man sich auch alles an. Obwohl man eigentlich schon weiß, worauf das Ganze hinausläuft.

Unsere Synapsen denken sich jetzt aber nur: „Ah, gerade kein neuer Input. Mal schauen. Was kaufe ich eigentlich am Wochenende ein? Wo wir gerade beim Thema *Wochenende* sind … Was mache ich da eigentlich Schönes Ist er / sie schon fertig? Nein? Okay. Blau. Die Decke kann man blau streichen und …"

"Hörst du mir überhaupt zu?!"

"Klar!"

"Was habe ich zuletzt gesagt?"

"Was Tolles."

Übrigens, auch wenn das Klischee hier eindeutig sagt, dass das besonders auf die Herren zutrifft: Die Damen können das genauso gut.

Was bringt uns das aber jetzt beim Verstehen unseres Gehirns? Fokus ist das Allerwichtigste bei jeder geistigen Aufgabe. Fokus bekommen Sie aber nicht, wenn Sie im Hintergrund die Einkaufsliste planen, während Sie irgendetwas in Ihren Kopf hineinbekommen möchten.

Wie können Sie den Fokus verstärken? Indem Sie Ihr Gehirn derart mit Input zu genau einem einzigen Thema bombardieren, dass es gerade noch hinterherkommt. Sie haben Probleme, bei einem Text dabeizubleiben? Ihre Gedanken gleiten ab? Sie wissen am Ende der Seite nicht mehr, was am Anfang stand? Dann erhöhen Sie Ihr Lesetempo. Sie mögen Hörbücher, aber Ihre Gedanken sind gerade bei Sachbüchern immer ganz schnell woanders? Geschwindigkeit nach oben!

Sie sind in einem Präsenzkurs und können sich nicht konzentrieren? Kein Problem: Schreien Sie einfach in den Raum: "Langweilig! Schneller!" und schauen Sie, was passiert.

Klingt komisch? Funktioniert aber bestens. Lassen Sie nur nicht die Ausrede gelten, dass Ihr Gehirn das nicht so schnell verarbeiten kann. Denn das stimmt nur, wenn es im Hintergrund noch allen möglichen nebensächlichen Inhalt berechnet.

Das schlaue Hirn und das ... andere Hirn

Daniel Kahneman und Amos Tversky haben in einer gigantischen Reihe von Versuchen und Auswertungen von Studien, welche im Buch "Schnelles Denken, langsames Denken" dargestellt werden, die Funktionsweise des menschlichen Gehirns erforscht. Es ging in diesen Studien vor allem um die zwei Systeme des Gehirns, welche wir uns in diesem Kapitel im Fokus anschauen wollen.

Wenn Sie diese beiden Systeme bewusst verstehen, können Sie erkennen, warum Sie so denken, wie Sie denken. Sie werden Bewusstsein darüber erlangen, wann es für Sie ratsam ist, welche Entscheidungen zu treffen.

Den Unterschied zwischen den beiden Systemen könnten wir jetzt lang und breit erklären, aber ein Beispiel erfüllt diesen Zweck einfach viel besser. Lösen Sie bitte das folgende Rätsel.

Ein Schläger und ein Ball kosten insgesamt elf Euro. Der Schläger kostet zehn Euro mehr als der Ball. Wie teuer ist der Ball?

Was war Ihr erster Gedanke? Wenn er „1 €" war, schauen Sie sich das Rätsel bitte nochmals an. Denn genau hier war Ihr so genanntes „System 1" aktiv, das schnelle Denken. Ohne es zu merken, befand sich Ihr Gehirn im Energiesparmodus, während Ihnen die Antwort kam. System 1 ist unser "Alltagsgehirn", der Teil, der dafür zuständig ist, einfache Routineentscheidungen und wiederkehrende Aufgaben zu berechnen.

Es verbraucht wenig Energie und liefert schnelle Lösungen. Diese Lösungen klingen auch immer sehr einfach und unkompliziert. Aber genau diese Denkweisen sind es, die uns davon abhalten, unser komplettes Potenzial zu nutzen. Denn was uns in diesem Buch interessiert, ist vor allem „System 2", das langsame Denken. Hier findet echte Kreativität statt, hier wird mit Logik gearbeitet. Allerdings kostet das Anwerfen dieses mächtigen Programmes eine Menge Energie, daher gibt es eine Art inneren Widerstand. Der sieht vielleicht so aus, dass Sie einfach weitergelesen haben, als wir Sie gebeten haben, das Rätsel nochmals anzugehen, weil bestimmt ohnehin gleich eine Lösung irgendwo im Text versteckt ist. Vielleicht hat es sich auch so geäußert, dass Sie sich dachten, dass Sie das Rätsel ignorieren, da Sie Ihren Lesefluss nicht bremsen wollen.

Oft stehen wir vor Aufgaben, bei denen wir erst einmal hinterfragen, ob es sich wirklich lohnt, dafür jetzt Energie aufzuwenden. Das ist evolutionär bedingt und die eine oder andere Technik aus diesem Buch hat schlicht das Ziel, dass Sie ohne inneren Widerstand direkt die volle Rechenleistung Ihres Gehirns für sich beanspruchen können.

Übrigens ist die Lösung des Rätsels 50 Cent. Interessanterweise sagen in Seminaren, in denen wir dieses Beispiel anwenden, selbst jetzt noch viele Menschen, dass es ohne Papier kaum möglich ist, von der ersten, meist falschen, Lösung im Kopf abzuweichen.

WIE SIE ES FÜR SICH NUTZEN

In der Sekunde, in der Sie sich bewusst werden, dass Ihr Bewusstsein nicht nur aus einem „Ich" besteht, sondern dass mehrere Systeme mit ganz verschiedenen Möglichkeiten aktiv Ihr Handeln bestimmen, können Sie in bestimmten Situationen erkennen, in welchem Modus Sie gerade sind. Ein für Ihre Beziehung wichtiges Gespräch sollten Sie beispielsweise nicht mit System 1 führen. Denn in diesem sind sie zwar energieeffizient, aber eben nicht komplett bewusst im Moment. Der Autor und Redner Eckhart Tolle hat es einmal mit dem folgenden Satz sehr gut auf den Punkt gebracht:

„Wenn du erkennst, dass du nicht bewusst im Moment bist, bist du bewusst im Moment."

System 1 kann eben nur Schnellanalysen in der Gegenwart durchführen und mit Vergangenem vergleichen. Das äußert sich dann, wenn Sie beispielsweise Menschen oder Situationen miteinander vergleichen. Nur im System 2 können Sie wirklich den Moment als Ganzes wahrnehmen und mit allen Ressourcen, die Sie haben, das Richtige tun. Lassen Sie uns also gemeinsam erkunden, wie Sie die Energie Ihres Geistes auf die wirklich wichtigen Dinge lenken können.

ENTSCHEIDUNGSENERGIE

System 2 kann nur mit einer Menge Training über längere Zeiträume hinweg eingesetzt werden. Erwarten Sie hier aber keine gigantischen Erweiterungen in kurzer Zeit. Darum sollte es nicht unser erstes Ziel sein, unsere Zeit im „starken" Gehirn zu erhöhen. Sicherlich, weiter hinten im Buch werden wir Techniken dazu behandeln. Aber zunächst ist es wichtiger, die Energie, die wir bereits haben, besser einzusetzen. Das gelingt am besten, indem Sie herausfinden, an welchen Stellen des Tages Sie die Energie, die System 2 antreibt, unnötig verschwenden. Wir nennen diese Energie ab jetzt Entscheidungsenergie, denn genau das ist sie auch: Energie, die es dem Gehirn ermöglicht, kluge und fundierte Entscheidungen zu treffen. Fangen wir mit einem normalen Tag an. Sie stehen auf und gehen an Ihren Kleiderschrank. In dem Moment, in dem Sie nun überlegen, was Sie anziehen, fängt es schon an energetisch zu rieseln. Das ist kein Witz. Eine der einfachsten und zugleich mächtigsten Routinen ist es, Entscheidungen, die nun wirklich keinen Einfluss auf den Verlauf unseres Lebens und das Erreichen unserer Ziele haben, nicht auf den Beginn des Tages zu legen, da hier sonst einfach zu viele Ressourcen verschwendet werden.

Ein Beispieltag, wie er nicht verlaufen soll, kann folgendermaßen aussehen: morgens bewusst Kleidung ausgewählt, überlegt, was es zum Frühstück gibt, über den Kaffee und dessen Zutaten unterwegs nachgedacht, überlegt, welche Musik im Auto laufen soll ...

Und so weiter. Am Nachmittag müssen Sie dann vielleicht eine wichtige Entscheidung treffen, stehen in einer Verhandlung oder wollen einfach nur etwas lernen und wundern sich, warum die Energie nicht so richtig vorhanden ist. Das ist schade, denn die Power ist in den wirklich wichtigen Tätigkeiten einfach besser gelagert als in irgendwelchen Mikroprozessen. Legen Sie solche Entscheidungen lieber auf den Abend und planen Sie den kommenden Tag vor. So einfach es klingt, Sie haben den Tag über ein höheres geistiges Energielevel, wenn Sie morgens die bereitgelegte Kleidung anziehen, vorbereitetes Essen zu Ende zubereiten und gut gelaunt die richtige Musik oder noch besser das richtige Hörbuch im Auto laufen lassen. Jeder, der der Lehre des Minimalismus folgt, bringt diesen Gedanken auf das höchste Level, indem er für jedes Ereignis ein Outfit hat, welches mehrfach im Kleiderschrank bereitliegt – ein Traum für die einen, ein Albtraum für die anderen.

Brauchen Sie noch einen kleinen Motivator zum Thema Entscheidungsenergie? Ein Versuch aus Amerika hat ermittelt, dass der Zeitpunkt unserer Entscheidung unseren Essensgeschmack beeinflusst. Man teilte die Probanden in zwei Versuchsgruppen ein. Zugegeben, fast jede Studie beginnt so. Gruppe 1 sollte für einen weiteren Termin in zwei Wochen schon einmal aus einer Speisekarte aussuchen, was sie denn dann gern essen würden. Diese Teilnehmer entschieden sich überwiegend für gesundes, zuckerarmes und fleischfreies Essen.

Gruppe 2 sollte an dem Termin, kurz bevor das Essen auch verspeist wird, festlegen, was es zu essen gibt. Die Speisekarte war dieselbe. Nun hat sich diese Gruppe allerdings komplett anders entschieden: fettiges Fleisch und zuckerhaltige Desserts – Gemüse war nur mit angeheuertem Suchtrupp auf den Tellern zu entdecken. Diese Studie zeigt uns, dass es für unsere Ernährung und unsere Gesundheit besser ist, wenn wir schon eine Zeit vor dem Essen entscheiden, was es denn gibt. Sie sehen also, wir alle treffen gute Entscheidungen. Aber nicht unbegrenzt viele am Tag. Seien Sie sich dessen bewusst und Sie können Ihre geistige Energie auf die Aufgaben lenken, wo Sie sie auch brauchen können.

Den gehirninternen Spam-Filter umgehen

Überlegen Sie einmal, wie schrecklich unser Leben ohne Spam-Filter wäre. Diese Dinger sind wirklich eine der schönsten Erfindungen auf der Welt. Übrigens: Die Natur hat uns genau so einen in unserem Gehirn eingebaut.

Der erkennt aber leider auch Dinge, die wir speichern wollen, als Spam. Weil er das nämlich nicht speichern will. Denn unser Filter startet bei jedem Fakt, der vorbeikommt, folgende Abfrage:

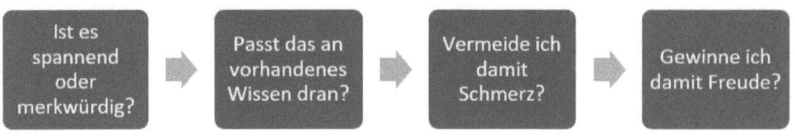

Wenn keine dieser Fragen mit „Ja" beantwortet wird, landet der Fakt im Müll.

Warum macht der Filter das? Weil wir sonst keinen „Burn-Out", sondern einen „Fuck-Off" hätten. Wir müssen uns nicht von allen 1.200 Autos, die am Tag an uns vorbeifahren, Farbe, Kennzeichen und Typ merken.

Wenn wir alles abspeichern, ohne zu filtern, rennen wir nach spätestens drei Tagen lachend in die nächste Kreissäge.

Was heißt das jetzt konkret für Sie? Wissen sollte möglichst blöd, dämlich und vor allem merk-würdig dargestellt sein. Also würdig, gemerkt zu werden. Wenn das nicht geht, sollten wir mit der Einstellung herangehen, dass wir lernen, um ein besseres Leben zu haben, denn auch dann kommt der „Wichtig"-Stempel dran.

Wenn Sie einmal definiert haben, wie sich Ihr Leben im Erfolgsfall positiv verändern wird, haben Sie schon die wichtigsten Filtereinstellungen vorgenommen.

Aber wenn wir schon beim Konfigurieren sind – das geht auch andersherum. Denn vielen Studenten geht es oft so:

„Mein großes Ziel ist es, mein Studium abzuschließen. Daher werde ich …"

BING BING

„Oh, TikTok. Hihi, guck mal, die Katze springt gegen die Wand!"

Das passiert nur jemandem, der seinen Spam-Filter nicht eingerichtet hat. Also den mentalen. Denn wenn Sie sich bei dem BING BING die Frage stellen, ob Ihnen diese Nachricht gerade beim Erreichen Ihres Ziels hilft, wird wahrscheinlich ein „Nein" kommen. Sie lassen den unnötigen Müll dann gar nicht in Ihr Aufmerksamkeitsfeld rein.

Anmerkung:

Lernstunden sind Flugzeugstunden. Also macht jeder, der es ernst meint, auch den Flugzeugmodus vom Handy an. Uralten Maya-Legenden zufolge, soll es in alten Zeiten auch besonders mutige Menschen gegeben haben, die das Unfassbare gewagt haben: Sie haben das Handy zwischendurch ausgeschaltet. Kaum zu fassen, aber so ist es wohl überliefert. Stand zumindest auf Facebook.

Rebooten Sie Ihr Gehirn

Reboot tut gut, wie der Supporter weiß. An der Weisheit muss doch etwas dran sein, das gilt bestimmt auch für unser Gehirn. Ich erzähle Ihnen in diesem Kapitel nicht nur, wie Sie eine echt dreckige und unehrenhafte Kampftechnik verwenden, sondern auch, wie Sie sich aus einem leichten Blackout herauskatapultieren können.

Erster Fakt, der bei mir viel geändert hat, als ich ihn verstanden habe:

Ein Gefühl, eine Emotion bleibt bei uns chemisch gesehen nur anderthalb Minuten im Körper. Rein biologisch gesehen könnten wir uns also alle anderthalb Minuten dazu entscheiden, uns anders zu fühlen.

Denn danach sind die Chemikalien, die Botenstoffe, die uns sagen, wie wir uns fühlen sollen, weg.

In der Praxis gibt es da allerdings ein Problem: Die Botenstoffe sind weg, aber die Erinnerung, die das Gefühl ausgelöst hat, ist immer noch da.

Deswegen ist es, gerade bei Stress oder anderen negativen Stimmungen sinnvoll, einen Reset für unser Gehirn zu machen. Dazu verraten wir Ihnen jetzt erst einmal die versprochene Kampftechnik, im Anschluss erfahren Sie, was Ihnen diese im Alltag bringt.

Stellen Sie sich vor, jemand geht auf Sie los. Ein Kampf ist unvermeidlich. Ihr Gegner ist größer, stärker und scheinbar auch bedeutend erfahrener darin, sich zu prügeln. Mit Kraft kommen Sie nicht weiter, wenn Sie mit der gleichen Anzahl an Zähnen zu Hause ankommen wollen, mit der Sie losgegangen sind. Sie gehen also auf Ihr Gegenüber zu und sagen im Brustton der Überzeugung: „Eine Pizza mit extra Salami und schön viel Käse. Bloß keine Oliven, da stehe ich nicht drauf!"

Haben Sie gerade kurz eine Art Miniaussetzer, nicht mal eine Sekunde lang, gehabt? Wenn etwas passiert, was das vorhandene Muster absolut absurd unterbricht, setzt das Gehirn einen Sekundenbruchteil aus, bevor dann meistens ein verwirrtes: „Was willst du?" kommt. Dieses kurze „Hä?" ist eine Überladung des Gehirns. In der Kampfkunst ist das die Sekunde, in der bei einer Attacke keine Gegenwehr kommt, weil das Gehirn nicht die Abwehr berechnet, sondern noch überlegt, wo es die Pizza einordnen soll.

Der Verstand vermeidet das, was beim PC zum Absturz führt, indem er sagt: „Unlogisch, nicht verarbeitbar, einmal Arbeitsspeicher leeren!"

Der Persönlichkeitstrainer und Autor Anthony Robbins hat in seinem Buch „Das Robbins Power Prinzip" einmal ein sehr schönes Beispiel für die Bekämpfung von Angst durch einen Reset genannt. Stellen Sie sich in einer Prüfung doch mal die Prüfer vor. Alle drei sitzen hinter dem Tisch der Jury und springen gleichzeitig auf, reißen die Arme nach oben und schreien: „Halleluja, unsere Füße stinken heute nicht!"

Sie denken gerade, dass das vollkommen gaga ist? Ja, sicherlich, aber das haben Sie erst eine Sekunde zeitverzögert gedacht.

Glauben Sie, dass Sie mit dem Kopfkino noch Angst empfinden können?

Aber der Reset kann noch mehr. Denn unser Geist will die Situation, die ihn resettet hat, trotzdem verstehen und setzt mehr Energie daran, alles, was davor und danach passiert ist, zu verarbeiten. Hilfreich würde ich sagen.

Der deutsche Speaker Tobias Beck hat beispielsweise ein Programm, bei dem er zwischendurch zu allen Teilnehmern sagt, dass unter den Stühlen Luftballons angebracht sind, die jetzt, mitten im Vortrag, bitte aufgepustet werden sollen. Laute Musik beginnt und Hunderte Erwachsene spielen auf einem Seminar mit Luftballons. Der Effekt? Massiv erhöhte Behaltensquote.

Sie sind in einer Lerngruppe? Stehen Sie doch einfach mal mittendrin auf und rufen Sie: „Braunbären mögen keine Blaubeertorte!" in den Raum und setzen Sie sich dann kommentarlos wieder hin. Ich garantiere Ihnen, danach ist die Aufmerksamkeit wieder da.

Wir wissen, dass diese Technik ein gesundes Selbstvertrauen erfordert, selbst das Denken an so absurde Dinge erfordert ein wenig Überwindung. Aber der Effekt belohnt Sie wirklich mehrfach dafür.

Eine Abendroutine, die Ihr Leben verändert

Technik ist nicht alles. Denn es hat einen Grund, warum manchen das Wissen scheinbar zufliegt und andere hart dafür arbeiten müssen.

Saugt unser Gehirn alles Neue auf oder ist da eher ein Gebläse, das alle Impulse wegpustet? Die Windrichtung können Sie auf jeden Fall sehr einfach einstellen. Das geht mit einer Technik, die fast alle (erfolg)reichen Menschen anwenden.

Fragen Sie sich doch einfach einmal am Tag, was Sie heute gelernt haben. Klingt blöd? Ist es aber nicht. Noch genauer: Schreiben Sie täglich in ein Notizbuch oder in eine App in einem Satz das, was Sie heute dazugelernt haben. Es geht dabei gar nicht um das, was dann dort steht, auch wenn das ebenso hilfreich sein kann.

Es geht darum, dass Ihr Unterbewusstsein nach ein paar Tagen, ohne dass Sie es merken, den Tag über alles scannt. Es scannt alle Eindrücke, alles, was Sie hören und sehen, ab. Es stellt dabei eine Frage: Was lerne ich daraus? Glauben Sie mir, mit einem so programmierten Unterbewusstsein sind Sie wie ein Schwamm für Wissen: Es wird alles aufgesaugt.

Die fünf Minuten, die Sie das abends kostet, holen Sie auf jeden Fall wieder rein. Falls Sie jemand wie wir sind, der das gerade in der Anfangszeit knallhart am Abend vergessen würde, auch wenn Sie es sich vornehmen, empfehlen wir eine App-Lösung. Es gibt eine ganze Menge Apps für genau diesen Zweck: Dass Sie sich abends bestimmte Fragen stellen, um Ihr Unterbewusstsein umzuprogrammieren.

Eine persönliche Empfehlung von uns, ist die kostenlose App Growth-Life (kein Product-Placement).

Die stellt Ihnen zu einer von Ihnen gewünschten Zeit drei Fragen, die wir sehr gut ausgewählt finden:

Was habe ich heute gelernt?

Wofür konnte ich heute dankbar sein?

Was ist mein Ziel für morgen?

Wer sich mit der App nicht anfreunden kann, sucht einfach nach Apps für Erfolgsjournale. Schauen Sie aber, dass es nicht mehr als vier Fragen jeden Abend sind, sonst steigt das Risiko, dass Sie abends keine Zeit oder keine Lust darauf haben und eine großartige Gewohnheit unterbrechen. Denn Sie werden sehen, dass Sie dann auch Situationen als lehrreich sehen, die Sie sonst nur als störend empfunden hätten.

Wenn sich zum Beispiel jemand wie eine Diva benimmt und nicht einmal das Snickers hilft, können Sie das aus zwei Perspektiven sehen: entweder es regt Sie auf. Oder Sie sagen sich: Daraus kann ich mehr über Konfliktbewältigung lernen als in jedem Seminar. Wie Sie es betrachten, liegt an Ihrem Fokus, den Sie vorher für Ihr Unterbewusstsein eingestellt haben.

Wenn Sie skeptisch sind, geben Sie der ganzen Sache eine Woche Zeit. Ich verspreche Ihnen, dass Ihnen die Ergebnisse gefallen werden, gerade wenn Sie Fragen, wie zum Beispiel

„Wofür bin ich dankbar?"

Oder

„Wem habe ich heute geholfen?"

mit dabeihaben. Denn dann ist das Journal an schlechten Tagen auch ein großartiger Weg, Ihre Stimmung und Ihr Selbstbewusstsein aufzubauen. Denn wer kann noch Selbstzweifel haben oder schlecht gelaunt sein, wenn er über die besten Dinge der letzten 30 Tage schaut?

Übermenschliches Lernen

Der Mensch soll lernen, nur die Ochsen büffeln.

ERICH KÄSTNER

Die Schule und das Lernen

Wo haben Sie eigentlich das Lernen gelernt? Kleiner Tipp: Die Schule ist an dieser Stelle leider selten die richtige Antwort. Wenn Sie da das Lernen gelernt haben, dann nur, weil einzelne Lehrer sehr engagiert waren. Ansonsten glauben leider immer noch viele Pädagogen, denen wir unsere Kinder anvertrauen, dass Lernen folgendermaßen funktioniert.

Quelle: Harsdörffer, Georg Philip: Poetischer Trichter

In den allermeisten Schulen ist es das Ziel, das Wissen wie mit einem Trichter in die Köpfe der Schüler zu bringen. Vom sogenannten Nürnberger Trichter stammt übrigens auch die Formulierung „etwas eintrichtern". Die Idee war damals, das Wissen einfach in den Kopf der Kinder hineinzukippen. Diesen Gedanken aus dem Jahr 1653 halten viele immer noch für ein gutes Bild.

Dabei sind sich Forscher verschiedenster Gebiete einig: Wir können kein Wissen in unseren Kopf hineinbringen. Wir können uns nur in eine Situation bringen, in der wir uns das Wissen selbst aufbauen.

Und daher gleich vorweg: Die meisten Techniken, die in diesem Buch behandelt werden, arbeiten so, wie die meisten Schulen im Moment noch nicht arbeiten. Wir hoffen, dass wir diesen Abschnitt eines Tages korrigieren müssen und dann sagen: „Wir wiederholen hier die effizienten Techniken unseres Schulsystems."

Bis es so weit ist, schauen wir uns aber an, wie Wissen am besten in Gehirne wandert. Wir werden sehen, warum Texte abschreiben eigentlich ziemliche Zeitverschwendung ist, und erkennen, dass die meisten Arbeitsblätter keine Lehrmittel sind.

Das Ziel ist es, dass Sie als Leser am Ende selbstbestimmt(er) Wissen aufnehmen können.

Denn je weniger Hilfe Sie von außen brauchen, um Ihre Fähigkeiten zu verbessern, desto mehr Selbstvertrauen können Sie aufbauen.

Mit mehr Selbstvertrauen steigen der Antrieb und der Spaß, wodurch es wieder mehr Erfolg gibt.

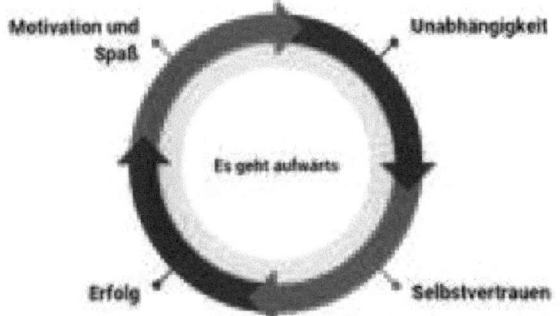

Sie haben richtig gelesen. Selbstvertrauen kommt nicht von Erfolg. Erfolg basiert auf Selbstvertrauen. Damit wir uns *selbst* aber *vertrauen* können, muss erst einmal der Glaube da sein, dass wir auch ohne viel äußere Hilfe etwas schaffen können.

Der eine oder andere wird sich nun fragen, wieso das nicht gleich die erste Lektion in der Schule ist. Schließlich würde das vieles enorm vereinfachen. Immerhin soll uns dort möglichst effizient etwas beigebracht werden.

Nun, das ist leider nicht ganz richtig. Das zeigt sich sehr deutlich am Schicksal von Sabine Czerny aus Bayern. Ihr Ziel war es, als Lehrerin auch wirklich zu lehren. Sie unterrichtete Mathematik in so guter Qualität, dass eben alle Schüler den Stoff verstanden hatten und gute Noten abliefern konnten. Und genau das hätte sie fast den Job gekostet.

Denn Lehrer an staatlichen Schulen haben nur einen sekundären Lehrauftrag. Primär ist der Sortierungsauftrag.

Das heißt im Klartext, dass ein durchschnittlicher Rechner in einer Klasse voller Mathehasser im guten und sehr guten Bereich unterwegs ist. In einer Gruppe mit Rechengenies wird er aber eher mangelhaft bis ungenügend abschneiden.

Eine Lehrerin, bei der also neun von zehn Kindern gute bis sehr gute Noten schreiben, ist nicht gern gesehen. Frau Czerny wurde wegen des missachteten Dienstauftrages zwangsversetzt. Bis es zu diesem harten Schritt kam, musste sie sich aber noch mehrfach gegen harte Kritik und Verbote stellen. Eine morgendliche Gesprächsrunde, in der die Kinder auf den Tag vorbereitet wurden, wurde verboten. Begründung: „Auch in Ihrer Klasse muss es Fünfer und Sechser geben". (Grundschul-Rebellin, Der Spiegel, 2009)

Als sie es wagte, weiter qualitativ hochwertigen Unterricht zu liefern, wurde schließlich eine amtsärztliche psychologische Untersuchung, mit dem Ziel des Vorruhestandes, angewiesen. Sicherlich, diese Geschichte ist 2009 passiert, doch aus mehreren Gesprächen mit Realschullehrern habe ich persönlich erfahren müssen, dass es nach wie vor Dienstvorschrift ist, „das Notenspektrum auszureizen". (Czerny, 2010)

„Das Notenspektrum ausreizen." Lassen Sie diese Formulierung einmal durch den Geist wandern. Klingt echt falsch, oder?

Wenn Sie also in der Schule gesagt bekommen haben, dass Sie etwas nicht können, sollten Sie das direkt vergessen. Gerade im Kindesalter führt der Glaube, dass wir eine bestimmte Sache nicht können, nämlich dazu, dass wir aufhören, Energie in dieses Thema zu investieren. Die Folge ist dann, dass wir natürlich auf diesem Gebiet weniger Leistung bringen können. Wenn einem siebenjährigen Kind beispielsweise erzählt wird, dass es eine Rechenschwäche hat, wird dieses Kind nicht mehr mit der größten Energie an das Lernen beim Mathematikunterricht herangehen. Es wird eine gute Note als Ausnahme und eine schlechte Note als normal ansehen. Grund zum mehr Lernen gibt es nicht, denn schließlich wird es durch die Rechenschwäche nie gut sein können. Dabei spielt es gar keine Rolle, ob die Rechenschwäche echt ist oder ob nur daran geglaubt wird.

Nehmen wir als Gegenbeispiel ein Kind, dem gesagt wird, dass es hochbegabt in Mathematik ist. Auch hier spielt es nur eine untergeordnete Rolle, ob das der Wahrheit entspricht oder nicht. Was passiert nun bei einer schlechten Note? Es kommt sofort der Glaube hoch, dass das kein Problem ist, mit einem kleinen bisschen Mühe wird das direkt wieder werden. Eine gute Note wird als Bestätigung und Verstärkung des Glaubens an die eigene Hochbegabung wirken.

Dieser Effekt, bei dem der Glaube an die eigenen Fähigkeiten die Realität verändert, heißt übrigens Andorra-Effekt. Auch wenn es schon fast esoterisch klingt: Der Glaube daran, dass Sie etwas schaffen können, macht wissenschaftlich erwiesen einen Unterschied, ob Sie es auch wirklich schaffen. Lassen Sie uns also positiv gestimmt lernen, wie wir neues Wissen am besten aufnehmen können.

Pfeifen Sie auf das Wie! Das Warum entscheidet!

Sie haben doch sicherlich einen Grund, warum Sie sich ein Buch wie dieses geholt haben.

Dieser Grund ist wichtiger als alle Techniken, die wir Ihnen beibringen könnten. Dieser Grund ist wichtiger als alle Lernmethoden zusammen.

Denn wenn Sie nicht ganz klar vor Augen haben, warum Sie etwas lernen, was Sie mit einem Abschluss anstellen wollen oder was Ihnen eine Fähigkeit bringt, dann werden Sie weder bewusst noch unbewusst Motivation aufbauen können. Schlimmer noch: Da uns unser Gehirn vor unnötiger Belastung schützen will, entsteht eine richtige Lernsperre. Vielleicht hatten Sie das schon einmal. Man befasst sich mit einem Thema, lernt und lernt. Aber so richtig will nichts in den Kopf rein. Das liegt dann nicht daran, dass wir für das Thema ungeeignet sind. Sagen Sie das bitte niemals über sich.

Mit der richtigen Motivation kann jedes Wissen in Ihrem Kopf einen Platz finden. Sie können alle nur denkbaren Fähigkeiten lernen, sofern der Körper mitspielt. Wer 1,40 Meter groß ist, wird es als Stabhochspringer sicherlich schwer haben, egal wie viel inneres Feuer er hat.

Wenn Ihnen aber nicht klar ist, wofür ein Thema relevant ist, brauchen Sie ein Vielfaches an Energie. Absolute Verschwendung, wenn Sie uns fragen. Übrigens auch wieder ein typischer Fehler aus der Schulzeit: Diejenigen, die hinterfragen, warum etwas gelernt wird, werden bei oft überforderten Lehrern schnell unbeliebt. Dabei sind die Kinder, die diese Frage stellen, eigentlich diejenigen, die unterbewusst alles richtig machen. Denn sie bitten um einen Grund, warum gelernt werden soll.

Lassen Sie es uns an dieser Stelle also besser machen.

Nehmen Sie sich am besten fünf Minuten Zeit für eine kleine Übung. Was wollen oder müssen Sie sich zurzeit aneignen? Was möchten Sie können? Schreiben Sie sich diese Dinge einmal genau auf. Sie dürfen dabei auch unvernünftig sein. Sie wollen fließend spanisch sprechen, obwohl Sie noch nicht ein einziges Wort können und in der Schule immer schlecht in Englisch waren? Super, that's the Spirit! Bewerten Sie nicht, was angeblich nicht geht, schreiben Sie auf, was Sie können wollen.

Folgendes will ich können:

_____

_____

_____

Jetzt kommt aber die viel wichtigere Frage: Warum haben Sie diese Fähigkeiten aufgeschrieben? Träumen Sie an dieser Stelle ein bisschen. Was wird anders sein, wenn Sie es geschafft haben? Wie werden andere auf Sie reagieren? Wird sich in Ihrem Leben etwas verändern oder verbessern?

_____

_____

_____

Machen Sie diese kleine Übung bei jedem neuen Thema, das in Ihren Kopf rein soll. Je mehr Punkte Sie finden, desto besser. Denn so programmieren wir unser Unterbewusstsein und unseren gehirninternen Spam-Filter. Schon alleine mit dieser unverschämt einfachen Methode können Sie mit halbem Kraftaufwand lernen. Noch besser: Mit dem richtigen Antrieb bekommen Sie sogar noch Energie dabei raus. Dann wird das Lernen zum Hobby.

Was ist eigentlich, wenn Ihnen zu einem Punkt keine Gründe eingefallen sind? Dann lassen Sie den Müll nicht in Ihren Kopf rein! Warum sollten Sie etwas lernen, das Ihnen weder Freude noch Nutzen bringt?

Die einzige Ausnahme ist, wenn Sie für einen Abschluss etwas scheinbar Unnützes lernen sollen. Aber dann können Sie sich durch die Vorteile am Arbeitsmarkt und die Anerkennung, die Sie bekommen werden, wenn Sie erfolgreich sind, genauso gut antreiben lassen.

Die Lerntypen

„Jeder Mensch kann anders lernen." Diese Aussage ist falsch. *Jeder Mensch* **muss** *anders lernen*, trifft es eher. Denn wenn nicht entsprechend dem richtigen Lerntyp gelernt wird, will das Wissen einfach nicht in den Kopf. Und das ist die Ursache, dass so viele Menschen glauben, Lernen wäre nichts für sie. Dabei ist es einfach nur der falsche Weg gewesen, nicht das Lernen an sich.

Als kleine Vorwarnung müssen wir schon einmal sagen, dass gut ein Viertel der Techniken im nächsten Kapitel bei Ihnen nicht funktionieren werden. Das hat nichts damit zu tun, dass die Techniken schlecht sind. Da aber jeder anders lernt, gibt es eben nicht die eine Technik, um gut zu lernen. Das Ziel dieses Kapitels ist es, dass Sie hier Ihre persönlichen Lerntypen kennenlernen und Sie es sich damit ersparen, unnötige Energie in die falschen Methoden zu investieren.

Was ist, wenn Sie sich bei mehreren Lerntypen wiedererkennen werden? Das ist gut, denn die meisten Menschen haben einen Haupt- und einen Nebentypen. Wieder andere können auch mit drei Stilen lernen.

Wer nur bei einem Typen gesagt hat, dass dieser zu 100 % auf ihn zutrifft, wird es in der Schule wahrscheinlich eher schwer gehabt haben. Denn in diesem Fall wird ganz schnell eine Lernstörung attestiert, auch wenn es einfach nur eine Art zu lernen ist, die nicht vom Schulsystem abgedeckt wird. Glauben Sie das aber bitte nicht, denn der Glaube, dass man nicht oder nur langsam lernt, wird ganz schnell zu einer sich selbst erfüllenden Prophezeiung. Arbeiten Sie also nicht daran, mit Ihrem schwachen Lerntyp irgendwie besser klar zu kommen.

Geben Sie lieber mehr Energie in Ihre starken Gebiete. Das ist die bessere Verwendung für Ihre Zeit und Ihre Energie.

Aber am besten schauen wir uns zunächst an, wie die einzelnen Lerntypen am besten an Wissen kommen.

VISUELLES LERNEN

Bilder, Optik, Aufstellung und Struktur sind Wörter, die dem visuellen Lerner helfen. Wenn Sie jetzt sagen, dass Fakten wichtiger sind als deren Darstellung, sind Sie übrigens mit hoher Wahrscheinlichkeit kein visueller Lerner. Trotzdem helfen auch Ihnen bestimmte Grafiken, um schnell und einfach Wissen darstellen oder erfassen zu können. Denn bestimmte Symbole sind weltweit universell.

Sofort erkennbar:

Symbol für Frieden, Glück und Geborgenheit.

Auch bekannt:

Symbol für Stress, Unwohlsein und einen schlechten Ort.

Zeichen und Symbole sind für jeden eine gute Möglichkeit, Wissen einfacher abzuspeichern und zu verknüpfen. Der Mensch hat das Sehen als primären Sinn, somit gibt es kaum Lerner, die den Sehsinn nicht nutzen.

Es gibt einige Methoden, mit denen Sie als visueller Lerner richtig durchstarten können und diese schauen wir uns nun genauer an.

Der Albtraum deiner Mitbewohner: Post-it

Kennen Sie Post-its? Diese kleinen schönen Zettel, die Sie flexibel überall platzieren können? An den richtigen Stellen in der Wohnung oder im Büro angebracht, können Sie einzelne Fakten fast schon passiv lernen. Die mächtigsten Orte dafür sind übrigens der Fliesenspiegel über der Spüle (wenn Sie von Hand abspülen) oder die Fliesen gegenüber Ihrer Toilette. Wer schon einmal auf der Toilette die Inhaltsstoffe des Deos oder des Waschmittels erkundet hat, weil er sein Handy vergessen hat, weiß, was wir meinen. Ungenutzte geistige Energie ist auf jeden Fall da und das Gehirn will nun einmal beschäftigt werden.

Gerade für Vokabeln beim Sprachenlernen ist diese einfache Technik überragend. Der nette Nebeneffekt ist, dass auch alle anderen Mitglieder Ihres Haushaltes mitlernen. Ob diese nun wollen oder nicht.

Gute Optik im Eigenbau

Auch wenn man vielleicht am Computer nicht der große Meister ist, ist es heute wirklich keine Herausforderung mehr, sich mit wenigen Klicks einfache Diagramme oder Grafiken zu Fakten zu erstellen. MS-Word oder auch die kostenlose Office-Software von Google ermöglichen es, sich einfach schöne Infografiken für den Hausgebrauch zusammenzuklicken. Bei MS-Word heißt das beispielsweise *Smart-Art*.

Das Wissen kann so viel schneller und übersichtlicher erfasst und gelernt werden. Besonders schön lassen sich die so erstellten Grafiken mit anderen Lerntechniken kombinieren. Warum nicht die Infografik über den Schreibtisch hängen und so nach wenigen Tagen passiv alles intus haben?

Der Erstellungsprozess ist übrigens keine Arbeit für Sie, sondern schon ein Teil des Lernprozesses. Wenn Sie nämlich ein visueller Lerner sind, hilft es Ihnen schon ungemein, wenn Sie sich bereits im Vorfeld überlegen, wie man diese Informationen grafisch darstellen kann.

Aber auch ohne PC lohnt es sich, schöpferisch aktiv zu werden, selbst wenn am Ende Gekritzel dabei herauskommt. Schon kleine Zeichnungen oder Dekorationen am Rand des Skriptes oder eines Buches, helfen dem Gehirn, das Wissen später wieder zu finden. Denn so wird nicht nur der Inhalt, sondern auch das zugehörige Bild gespeichert. Rufen Sie bewusst das Bild auf und Sie können auf den Inhalt zugreifen.

Falls der Stresspegel bei einer Prüfung hoch ist, ist es außerdem viel einfacher, ein Bild vor das geistige Auge zu rufen, als sich an trockene Fakten zu erinnern. Dafür ist übrigens eine Technik verantwortlich, nämlich die

Dual-Code-Theorie

Wenn Sie bereits das Kapitel über die Funktionsweise des Gehirns gelesen haben, wissen Sie, dass unser Gehirn hauptsächlich über Verknüpfungen speichert. Wie wir das nutzen? Ganz einfach. Wenn Sie beispielsweise eine Lernkartei zum Englischlernen haben, können Sie das ganz einfach anwenden. Wenn Sie das Wort „Zaun" lernen wollen, bringen Sie auf beide Seiten das exakt gleiche Bild eines Zaunes. Bei digitalen Lernkarten kopiert, bei realen gezeichnet. Je außergewöhnlicher, exotischer oder dämlicher das Bild ist, desto besser der Effekt. Zaun heißt übrigens „fence" auf Englisch. Wenn Sie nun das Wort in Ihrem Gehirn suchen, stellen Sie sich einfach das Bild des Zaunes vor. An dieses Bild ist auch das Wort in beiden Sprachen gespeichert. Sie können also entweder über das Bild das englische Wort aufrufen. Oder Sie kommen über das deutsche Wort zum Bild, welches auch wieder zu „fence" verknüpft. Verknüpfen Sie aber unbedingt nur im Notfall Wörter miteinander. Denn ansonsten entstehen in Ihrem Gehirn Datensätze wie „Zaunfence". Das ist im Notfall okay, aber wenn Sie jedes Wort mit einer Vokabelliste lernen, erschwert dies das flüssige Sprechen enorm. Denn Ihr Geist muss erst „Zaunfence" aufrufen und dann auseinanderbauen. Wenn Sie hingegen einen Zaun sehen und das englische Wort an das Bild gespeichert ist, können Sie viel einfacher den Datensatz aus Ihrem Gehirn holen.

Gerade beim Lernen von Sprachen lohnt sich die Zeit, die Sie brauchen, um das alles zu erstellen. Denn Sie lernen wirklich massiv schneller. Wenden Sie das aber nur für Wörter an, die Ihnen Probleme machen, denn bei 3000 Wörtern Bilder malen oder zu suchen kann schnell ausarten.

So wird das auch viel gehirngerechter, denn wenn wir an einen Zaun denken, hat wohl kaum jemand Z-A-U-N als Buchstaben vor dem geistigen Auge, sondern eher das Bild. Falls Sie doch die Buchstaben und nicht das Bild sehen, empfehlen wir übrigens den Besuch beim Arzt Ihres Vertrauens.

Farbenspiel

Aber nicht nur Bilder, auch ganze Farben können zum Speichern genutzt werden. Wenn wir permanent eine Farbe an ein Thema knüpfen, indem wir z. B. für dieses Gebiet nur eine Art von Stift oder Papier verwenden, können wir alles aus diesem Feld leichter aufrufen, wenn wir die dazugehörige Farbe sehen. Das klappt wirklich und ist gerade bei der Prüfungsvorbereitung ein echter Gamechanger.

Mit Loci die Welt erobern

Nein, bei der Loci-Methode geht es weder um den Ort mit der Spülung noch um den Erzfeind von Thor. Es geht uns eher darum, einen hilfreichen Mechanismus in unserem Gehirn auszunutzen. Denn wir speichern Orte und Wege viel einfacher ab, als die meisten anderen „Datensätze". Das gilt auch dann, wenn Ihr Orientierungssinn nicht perfekt ist. Denn ich glaube, dass jeder Leser dieses Buches keine Probleme hat, den Weg zu seiner Küche oder Toilette zu finden. Wenn das nicht der Fall ist, gibt es auch hier Möglichkeiten der Hilfe, das ist aber nicht Thema dieses Buches.

Wir gehen bei der Loci-Methode einen Weg in Gedanken ab und platzieren auf diesem Weg die Punkte, an die wir uns erinnern wollen. Schauen wir uns das Ganze in der Praxis an.

Auf unserer (erst einmal noch sehr kurzen) Einkaufsliste stehen Milch, Käse und eine Banane. Damit sich die Punkte optimal einspeichern lassen, nehme ich einen Weg durch die eigene Wohnung. Jetzt platzieren wir die Gegenstände genau da, und zwar so bescheuert, wie es nur irgendwie möglich ist, denn unser Gehirn speichert dämliche Fakten mit Vorliebe ab.

Also los, wir gehen in unsere Küche und stellen fest, dass aus dem Wasserhahn Milch strömt. Das ist okay, da können wir uns mit der Reibe auch gleich noch ein wenig Käse von der Wand abraspeln. Was wir machen, um uns die Banane zu merken, überlasse ich voll und ganz Ihrer eigenen Kreativität. Um das Ganze aber zivilisiert zu halten, verwenden wir die Banane einfach als Lineal, denn dafür eignen sich Bananen bekanntlich besonders gut.

Klingt blöd? Ist es auch, aber so können Sie sich ohne Probleme innerhalb weniger Minuten richtig lange Listen einprägen. Wir üben jetzt ein wenig. Merken Sie sich die folgenden sechs Gegenstände anhand eines möglichst absurden Weges. Gehen Sie mental durch Ihre Wohnung oder an einen Ort, an dem Sie oft sind.

Eier
Mehl
Bier
Kaugummi
Krautsalat
Gurke

Legen Sie das Buch kurz weg, wenn Sie Ihren Weg gebaut haben, und warten Sie mindestens eine Minute. Schauen Sie danach, ob Sie alle sechs Punkte abrufen können, wenn Sie Ihren mentalen Weg entlanglaufen.

Achtung: Die Reihenfolge ist auch relevant, es soll nicht zu leicht werden.

AUDITIVES LERNEN

In der heutigen Gesellschaft ist dieser Lerntyp echter Luxus. Gerade mit der heutigen Technologie haben Sie da wirklich viele Möglichkeiten, auf Standby zu lernen.

Sei es über YouTube – denn die meisten Info-Videos dort sind bequem ohne Bild verständlich – oder per Hörbuch, Sie können Lücken oder scheinbar langweilige Tätigkeiten gut umfunktionieren. Sie müssen im Haushalt etwas machen? Hörbuch in die Ohren und los geht's.

Da haben wir übrigens einen Tipp, der allein schon starke Wirkung entfaltet. Drehen Sie mal bei Hörbüchern oder Videos für drei Tage die allgemeine Geschwindigkeit auf 1,1faches Tempo. Sie merken den Unterschied kaum. Steigern Sie sich alle drei Tage um 0,1 und wiederholen Sie das so lange, bis Sie nicht mehr mitkommen. Der Effekt ist gewaltig, weil unser Gehirn viel schneller verarbeiten kann, als unser Mund spricht und unsere Ohren hören. Mit ein wenig Übung ist 2,5fache Geschwindigkeit absolut machbar. Besonders interessant daran ist aber, dass wir so nicht mehr Energie zum Verstehen brauchen. Unser Verstand braucht sogar weniger Kraft! Denn der Geist ist immer zu 100 % ausgelastet. Wenn die aktuelle Tätigkeit nicht ausreicht, suchen wir uns unterbewusst Nebenschauplätze, wie Haushalt, Wochenendplanung und Co. Wer also schwer bei einem Thema folgen kann, muss das Tempo steigern, auch wenn das erst einmal seltsam klingt.

Das, was Sie lernen möchten, gibt es weder auf YouTube noch als Hörbuch? Dann fragen Sie doch mal den besten Sprecher, den es gibt: Sie selbst. Nun hören wir schon einen Satz: „Aber ich kann meiner eigenen Stimme doch nicht zuhören."

Nun, Sie haben schon einen starken Lerneffekt, auch wenn Sie die Datei niemals anhören, denn beim Einsprechen und Strukturieren passiert schon eine ganze Menge im Oberstübchen. Audiolerner profitieren nämlich allein vom Vorlesen und vom Beschreiben mit eigenen Worten.

Wir können Sie aber auch beruhigen: Ihre eigene Stimme hört auf, sich unangenehm anzuhören, wenn Sie sie nur oft genug hören. Außerdem ist dies die Tonlage, die Ihr komplettes Umfeld tagtäglich hört, und ausgestoßen wurden Sie deswegen scheinbar nicht. So schlimm kann es also gar nicht sein.

Nach ca. einer Woche klingt die Aufnahme für Sie dann exakt so, wie das, was Sie hören, wenn Sie reden.

Technisch gibt es eine ganze Menge einfach zu bedienender Programme, bei den meisten Handys ist ein Recorder standardmäßig dabei. Wenn Sie mit Audiodaten und Co arbeiten, sollten Sie übrigens spätestens 24 Stunden nach dem Hören das Ganze noch einmal wiederholen. So erhöhen Sie Ihre Merkquote von ca. 10 % auf über 40 %. Gut angelegte Zeit, würden wir sagen. Nach ca. fünf Wiederholungen über drei Monate hinweg wird das Gelernte im Langzeitgedächtnis gespeichert und da bleibt es dann auch lebenslang. Passen Sie also auf, was Sie sich anhören, am Ende haben Sie den negativen Brei aus den Nachrichten oder das Maunzen aus einem Katzenvideo abgespeichert – na das ist dann aber mal Spam auf der Festplatte.

Grobe Zeiträume für die Wiederholungen, die wir Ihnen empfehlen sind:
Nach 24 Stunden
Nach drei Tagen
Nach einer Woche
Nach einem Monat
Nach drei Monaten

Diese Abstände signalisieren dem Gehirn, dass die Informationen relevant sind.

Unsere Empfehlung ist, ein Video oder Hörbuch einmal auf einer gut zu verfolgenden Geschwindigkeit anzuhören und beim zweiten Mal das Tempo markant zu steigern. Da Sie ohnehin beim zweiten Mal wissen, worum es geht, kommen Sie so nicht nur schneller mit, sondern vermeiden auch Langeweile für das Gehirn.

Abrunden können Sie den Lerneffekt dann noch durch einen Musikanker. Wenn Sie sich leicht Lieder merken, suchen Sie sich ein „Lernlied" oder ein „Lerngenre" aus. Das muss jetzt nicht zwingend „Last Christmas" oder „Cherry Cherry Lady" sein, aber je einprägsamer, desto besser.

Wenn Sie dieses Lied dann während einer Anwendungssituation abrufen, kommen die gelernten Punkte plötzlich viel einfacher in Erinnerung, da die Fakten an die Melodie oder den Text gekoppelt sind. Das funktioniert exakt so, wie die Dual-Code-Methode beim visuellen Lerner.

Während des Hörens sollten sie übrigens wach sein. Es gibt zwar immer wieder Anbieter, die Ihnen versprechen, dass lernen im Schlaf möglich ist, aber leider funktioniert das nicht. Sobald Sie in die erste Schlafphase eintreten, nimmt Ihr Gehirn intellektuell nichts mehr von außen auf. Es ist dann ganz in der Verarbeitung.

PSYCHOMOTORISCHES / KINÄSTHETISCHES LERNEN

Der Lerner, für den das Erleben und die Bewegung über allem stehen. Wenn man sich beim Lernen zwei Hanteln schnappt oder dabei auf dem Laufband steht, macht man da schon viel richtig.

Diese Menschen sagen Sätze, wie beispielsweise: „Kann mir das nicht mal jemand in der Praxis zeigen, dann verstehe ich das auch!"

Das sind diejenigen, die bei einem Brettspiel sagen: „Lass uns erst mal losspielen, die Anleitung schauen wir uns an, wenn wir nicht mehr weiterwissen."

Skripte, Hörbücher, YouTube und Co sind meistens absolut nicht die Freunde dieser Lerner. Wie verknüpft man jetzt aber trockene Theorie mit Bewegung oder der Praxis? Da gibt es einen kleinen Hack: Wenn Sie aufgewärmt sind oder dieses angenehme Gefühl nach einer Session Sport haben, ist es die Zeit, in der Sie Ihr Wissen aufnehmen sollten. Dann speichert Ihr Gehirn das Wissen so ab, dass es für Sie optimal aufrufbar ist.

So ist auch das Hörbuch auf dem Laufband oder draußen beim Laufen optimal.

Über welchen Kanal Sie dann lernen ist relativ egal, aber wenn Sie Ihren zweitstärksten Lerntyp mit dem gewählten Medium unterstützen, steigert sich der Effekt natürlich noch.

Das Problem vieler kinästhetischer Lerner ist übrigens auch, dass schnell die Aufmerksamkeit nachlässt. Da gibt es aber eine einfache Lösung. Die Psychologen der heutigen Zeit diagnostizieren gern gleich eine beliebige Krankheit, die mit Ritalin behandelt wird, aber das ist definitiv keine Lösung, von wenigen Fällen abgesehen. Die bessere Lösung: Nehmen Sie es doch einfach hin, wenn die Aufmerksamkeit schnell abwandert und wechseln Sie dann das Medium.

Sie können sich nicht länger als 20 Minuten auf ein Buch konzentrieren? Kein Problem. Dann lesen Sie eben 20 Minuten und wechseln Sie dann das Medium. Je öfter, desto besser. Das gilt für alle Lerner gleichermaßen.

Länger als eine Stunde auf die gleiche Art Wissen aufnehmen ist pure Folter für Ihren Geist.

Denn mental brauchen Sie bis auf Schlaf keine Erholung, sondern nur Abwechslung. Klingt seltsam? Ist aber so. Wer den ganzen Tag arbeitet und dann am Abend ein Videospiel zockt, hat bei dem Videospiel wahrscheinlich einen höheren geistigen Aufwand als bei der Arbeit.

Beim Zocken ist die Abwechslung für den Geist aber größer, zumindest bei guten Spielen. Daher erscheint es uns als Erholung, obwohl dafür mehr Energie im Kopf erforderlich ist als für die Arbeit.

Kinästhetische Lerner lieben die Praxis. Daher ein einfacher Tipp, der leider viel zu selten angewendet wird: Gehen Sie zu den Orten, an denen das, was Sie lernen wollen, praktisch umgesetzt wird. Sie sind auszubildender Immobilienkaufmann? Dann buchen Sie doch einfach ein paar Besichtigungen bei Maklern eine Stadt weiter – egal ob Sie die Buden kaufen wollen oder nicht, aber Sie lernen mehr über das Thema Immobilienbesichtigungen, als es Ihnen Bücher beibringen könnten.

Sie sind werdender Koch? Dann schauen Sie anderen Köchen über die Schulter, da erfahren Sie mehr als im Lehrbuch. Dadurch, dass Sie das Gelernte dann an das konkrete Erlebnis knüpfen können, wird das Wissen viel nachhaltiger gespeichert und ist in einer Prüfungssituation auch leichter abrufbar.

Denn Sie rufen dann nicht mehr mental eine Skriptseite auf, sondern erinnern sich an die Situation zurück.

Wenn Sie nicht die Möglichkeit haben, alles selbst zu erleben, sollten Sie sich Geschichten zum Wissen ausdenken. Ein bisschen wie bei der Loci-Methode, nur praxisnäher.

Zu guter Letzt schauen wir uns mal etwas von den besten Lernern ab:

Den Kindern.

Wissen Sie, was Kinder lieben?

Das Sammeln.

Wir haben doch als Kinder alle irgendetwas gesammelt und ich meine nicht nur die kleinen Biester auf dem Gameboy.

In fast jedem Spiel geht es darum, irgendetwas zu sammeln, und wenn nicht, hat das Spiel Achievements / Errungenschaften, die auch wieder in eine Kollektion wandern. Was das beim Lernen bringt?

Wenn wir das Gefühl haben, etwas für unsere Sammlung bekommen zu haben, wird direkt unser Belohnungszentrum angeregt.

Unser Geist denkt dann: „Oh, Belohnung, das mache ich öfter." Ihre Motivation steigt auf einer unterbewussten Ebene direkt an.

Das lässt sich einfach in der Praxis umsetzen, wenn Sie auf einer Fläche Ihrer Wand oder einem Heft jede neue Lektion, jede neue Erkenntnis auf einer „Lernlandkarte" eintragen.

Je größer diese wird, desto motivierter werden Sie sein, Neues hinzuzufügen. Gleichzeitig sehen Sie sich jedes Mal, wenn Sie etwas Neues hinzufügen, alles an und festigen so fast schon passiv Ihr Wissen.

Egal wie Sie es machen: Wenn Sie kinästhetischer Lerner sind, brauchen Sie sichtbares und greifbares Feedback, um am Ball zu bleiben.

LESENDE UND SCHREIBENDE LERNER

Kennen Sie diese Menschen aus der Schule? Vielleicht waren sie es auch selbst.

Diejenigen, die bei jedem Tafelbild fein säuberlich mitgeschrieben haben.

Diejenigen, die am Ende immer noch gerufen haben: „Bitte noch nicht wegwischen, mir fehlen noch zwei Wörter!"

Kollegen, die die Hefter und Ordner dekoriert hatten, dann eine Eins für die Heftführung erhalten haben.

Für die Lerner mit einer starken Hand-Gehirn-Koordination, diejenigen, die gut über das Mitschreiben lernen, gibt es einen ganz geheimen Insidertipp: Sie sollten Texte schreiben.

Überraschung.

Gut, dafür ein Extra-Kapitel wäre wirklich ein wenig albern. Aber ganz ehrlich: Kurze und knappe Zusammenfassungen oder Spickzettel, die Sie nicht verwenden, sind eine große Hilfe. So zwingen Sie sich selbst nämlich dazu, darüber nachzudenken, welche Inhalte wichtig sind. Außerdem laufen bei der Zusammenfassung noch einmal alle Fakten durch mehrere bearbeitende Bereiche Ihres Gehirns, sodass alle Zonen, die damit zu tun haben, abermals durchblutet und so gestärkt werden.

Die Zusammenfassungen können übrigens auf Seiten wie XinXii verkauft werden und so, je nach Fachrichtung, auch gern mal 5 €–30 € im Monat einbringen. Geld ist bekanntlich ein schöner Zusatzmotivator. Und es gibt eine Menge Leute, die gern Zusammenfassungen hätten, aber weder Zeit noch Elan zur Erstellung haben.

Generell sollten Sie übrigens dafür sorgen, dass Sie ein Buch nicht mehr wiedererkennen, wenn Sie es durchgearbeitet haben. Markieren Sie, kleben Sie und kommentieren Sie, was das Zeug hält. Je mehr das Feeling aufkommt, dass das „Ihr" Lehrbuch ist, desto effizienter können Sie damit auch lernen.

Was Sie von diesen Techniken real umsetzen, ist Ihnen freigestellt, aber machen Sie bitte nicht eine ganz bestimmte Sache. Machen Sie nicht den Fehler, den viele Lese- und Schreiblerner machen: Bulimielernen und auswendig büffeln. So funktioniert unser Gehirn einfach nicht, aber das ist Ihnen bereits bestens bekannt.

KOMMUNIKATIVES LERNEN

Kennen Sie das? Leute erzählen einen Witz und schauen sich dann um, ob es auch jeder gesehen hat. Ob es auch jeder gehört hat. Daran erkennt man einen kommunikativen Lerner. Menschen, die bei allem, was sie tun, immer den Fokus darauf haben, was andere wohl gerade darüber denken.

Wenn so jemand ein neues Wort oder einen neuen Fakt hört, dann wird das auch gefühlte 95mal in jedem Umfeld, in dem es passt, gesagt. Denn Wissen ist zum Teilen da. Oft hören diese Menschen Dinge wie: „Interessant, aber bei den ersten beiden Malen, als Sie mir das erzählt haben, war es sogar noch interessanter."

Warum ist also der Mitteilungsdrang da? Weil ganz intuitiv Wiederholung und Kommunikation miteinander verbunden werden.

Erkennen Sie sich ein bisschen wieder? Dann lernen Sie am besten entsprechend Ihrem Lerntyp.

Kommunikative Lerner sind keine Fans von Skripten und Büchern, sondern lernen lieber in der Gruppe oder beim Gespräch. Wenn sie den auditiven Lerntyp nicht gerade als zweiten Typ haben, werden kommunikative Lerner sich auch eher schwer mit Hörbüchern anfreunden.

Am besten bilden Sie Lerngruppen mit Menschen, die ein ähnliches Ziel haben, wenn das Ihre Art zu lernen ist. Und es gibt im digitalen Zeitalter keine Ausrede, dass Sie keine Leute finden. Die sozialen Medien oder Apps wie MeetUps sind einfache Möglichkeiten, sich in der Region Leute zu suchen. In Ihrer Region ist niemand zu finden? Kein Problem, Skype und Google Hangouts bieten kostenlos die Möglichkeit, Gruppengespräche im Netz abzuhalten. So können Sie über das Internet Kontakt mit Menschen aus allen möglichen Regionen aufnehmen.

Und wenn Sie keine vorhandene Gruppe finden, machen Sie selbst eine auf. Wahrscheinlich haben schon drei andere Interessenten geschaut und sich gedacht: „Ach, schade dass es keine Gruppe dazu gibt."

Egal ob im regionalen Pub oder am heimischen PC: Sie werden im Gespräch mit Gleichgesinnten mehr Wissen aufnehmen und wahrscheinlich auch mehr Spaß haben, als beim Durchwühlen von Unterlagen.

Unabhängig davon, ob es eine Runde zum Reden oder eine klassische Lerngruppe wird: Stellen Sie in der Gruppe eine klare Aufgabenverteilung fest. Der häufigste Grund, warum solche Gruppen nicht funktionieren, ist das Gefühl Einzelner, ausgenutzt zu werden. Dem können Sie aber leicht vorbeugen:

Es gibt einen, der macht die Organisation, der nächste schreibt, Nummer drei erklärt immer mal und Nummer vier bringt Kaffee oder Kekse (im Netz die Cookies) mit. So einfach kann es sein. Übrigens: Am besten sind Sie für Ihr Wissen der „Erklärbär", denn besser können Sie Fakten im Gehirn nicht verknüpfen. In dem Moment, in dem ein kommunikativer Lerner vor Menschen über ein Thema reden soll, laufen ganz andere Prozesse im Gehirn ab, als beim reinen Auswendiglernen. Schauen Sie sich also alles an und überlegen Sie sich, wie Sie es jemand anderem erklären würden.

Sie sind eine verspielte Natur?

Versuchen Sie doch einmal mit einem Partner einen kleinen Wettbewerb zu starten: 50 € von jedem wandern in eine Spardose. Je nach Ihrem Vermögen können es auch 1 €, 5 €, 5000 € oder eine Palette Goldbarren sein.

Im Anschluss schauen Sie, wie Sie Ihren Erfolg, Ihren Fleiß und Ihr Engagement messbar machen können.

Wer auch immer erfolgreicher ist, erhält den kompletten Pott. Wettbewerb ist einer unserer grundlegenden Antriebe. Sie werden sehen, dass es am Ende gar nicht mal so sehr um das Geld geht, sondern um den Ehrgeiz, besser zu sein. Das klappt übrigens nicht nur beim Lernen, sondern auch bei Business, Fitness und allem, was Sie irgendwie messbar machen können.

Sie sind nicht so der kompetitive Typ? Lieber kooperieren statt konkurrieren? Kein Problem. Dann starten Sie mit Ihren Mitlernern doch ein Projekt. Holen Sie sich jemanden, der gern schreibt. Holen Sie sich einen visuellen Typ, der sich um die Form kümmert.

Wenn drei oder vier Leute zusammenarbeiten, ist es gar keine Herausforderung, eine Zusammenfassung oder ein kleines E-Book zum Thema zu erstellen. Das ist dann für jeden der Beteiligten nicht nur ein schönes Lernmittel, sondern kann auch ein wenig Einkommen nebenher einbringen.

Kein Witz, heute kann man auch ohne Verlag oder IT-Kenntnisse über eine große Zahl an Plattformen Bücher veröffentlichen.

Ob Sie das Geld dann aufteilen oder sich davon einmal pro Monat zu einer gemütlichen Runde treffen, können Sie und Ihre Kollegen frei entscheiden.

Wenn Sie für den Beruf lernen, kann so ein Projekt übrigens eine interessante Referenz bei der Bewerbung sein – so gut wie jeder Personaler googelt Bewerber. Und das Wort „Autor" ist immer noch sehr stark mit Kompetenz verbunden.

Lernkurven und Lernstufen

Im letzten Kapitel ging es hauptsächlich um das schnelle Aufnehmen von Wissen, aber das allein bringt natürlich nur wenig, wenn die Informationen dort nicht bleiben. Bevor wir uns die besagte Lernkurve anschauen, geht der Blick auf etwas mit einem weniger schönen Namen:

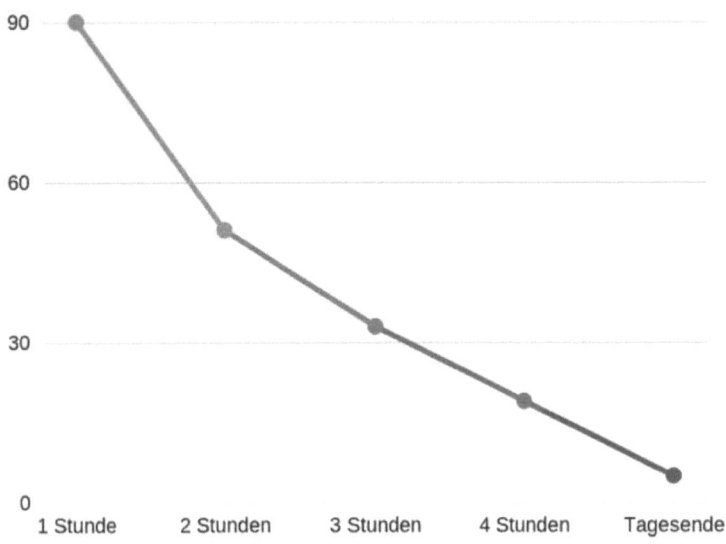

Die Vergessenskurve. Während wir nach einer Stunde noch auf maximal 90 % des Gehörten oder Gelesenen zugreifen können (wenn uns das Thema stark interessiert), wird am Ende des Tages bis auf 5 % alles gelöscht. Können Sie diesen Prozentsatz steigern? So gut wie gar nicht. Aber Sie können bestimmen, was drinnen landet. Wenn Sie zum Beispiel nach einer Stunde schon die erste Wiederholung ansetzen, ist die Chance maximal, dass diese Information nicht auf der geistigen Müllhalde landet.

Ein weiterer Weg ist es, einfach nicht so viel an unnötigen Daten aufzunehmen. Eine Stunde durch den Facebook-Stream scrollen und dann noch ein wenig YouTube oder TV fluten das Gehirn regelrecht mit Informationen. Die legen sich dann nicht nur über das, was meistens am Vormittag gelernt wird. Unser Sortierer wird außerdem dazu gezwungen, dass er mehr aussortiert.

Eine Viertelstunde Lesen am Abend bringt Ihnen auf das Jahr gerechnet einen Wissensvorsprung von fast 100 Stunden. Was bringen Ihnen 15 Minuten Instagram? Wenn Ihr erster Schutzreflex „Entspannung" ist, dann ist das gut.

Aber bei den meisten Leuten, die wir zum Thema *Lernen und Einarbeitung* beraten haben, sieht es eher so aus: Wenn Sie ganz bewusst darauf achten, ob Sie nach 15 Minuten Instagram / Facebook / Twitter wirklich entspannter sind als vorher, werden Sie wahrscheinlich merken, dass das nicht stimmt. Ähnlich wie bei der Zigarette ist es nämlich eher Gewohnheit als wirkliches Relaxen. Für Ihr Gehirn ist es jedenfalls mehr Arbeit, als eine Stunde aktives Lernen.

Nun aber genug hierzu, zurück zur Lernkurve.

Mit jeder Wiederholung wird es leichter, die gelernte Information im Gehirn zu finden. Am besten wiederholen Sie Ihr Gelerntes deshalb erst häufig und dann immer seltener. Gute Abstände sind:

Wiederholung am selben Tag

Einen Tag später
Drei Tage später
Eine Woche später

Einen Monat später

Drei Monate später

Übrigens sind die Wiederholungen eine Art Hack, denn bei wiederkehrenden Inhalten schaut unser Sortierer nicht ganz so genau hin. Er geht davon aus, dass Dinge, die oft kommen, einfach länger gespeichert werden sollen. Nach genug Wiederholungen landen die Fakten im Langzeitgedächtnis und sind dann zwischen Mamas Geburtstag und dem Fahrradfahren eingespeichert, also da, wo kaum etwas gelöscht wird. Keine Angst, in dem Bereich ist genug Platz, nicht dass noch jemand denkt, dass Kindheitserinnerungen mit Algebra überspeichert werden. Je nachdem, welcher Studie man glaubt, müssten Sie zwischen 250 und 380 Jahre alt werden, um die Kapazität des Langzeitgedächtnisses zu sprengen. Wie auch immer das in einer Studie zu ermitteln ist. Wenn Sie das schaffen, haben Sie aber definitiv andere Prioritäten als die Fülle des Langzeitgedächtnisses.

Interessanter Nebenfakt: Menschen, die an einer Amnesie leiden, erinnern sich meistens dennoch an grundlegende Fähigkeiten, wie Autofahren oder die eigene Sprache. Denn dieser Bereich des Gehirns ist so gut wie immer abrufbar. Der Alzheimer macht zwar auch davor nicht Halt, aber gegen die meisten anderen Probleme ist dieses Wissen geschützt.

Dieser Fakt ist wichtig, denn was Sie da speichern, können Sie auch in Stresssituationen abrufen. Gerade wenn Sie jemand sind, der an Prüfungsangst leidet oder vor wichtigen Gesprächen unruhig wird, wissen Sie nun also: rechtzeitig mit dem Lernen anfangen und mit System wiederholen. Einen besseren Schutz gegen den Blackout gibt es nicht.

Denken Sie daran: Jeder kann mit genug Wiederholungen und Motivation alles lernen, wenn es nur gut erklärt und mehr als einmal serviert wird.

Lernplateaus erkennen und verstehen

Räumen wir doch direkt mit einer falschen Vorstellung auf, die viele haben:

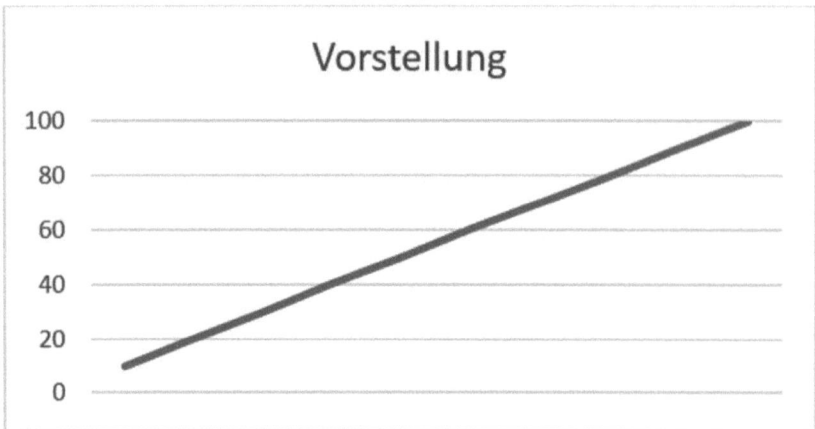

So funktioniert weder Lernen noch Erfolg noch irgendetwas anderes im Leben. Tatsächlich sieht es nämlich eher so aus:

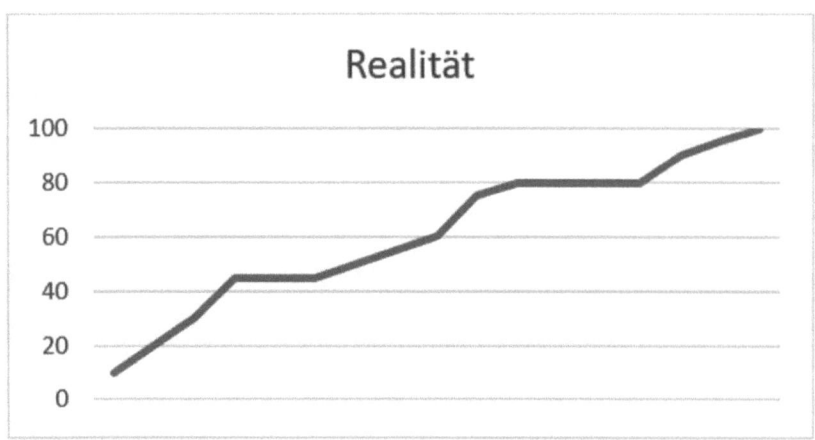

Beide Kurven starten bei 0 % und sind am Ende bei 100 %. Aber ein großer Unterschied ist das Hauptproblem: Zwischendurch stagniert bei der Realität alles auf einem gleichen Niveau. Es geht scheinbar nicht weiter.

Kennen Sie das vielleicht auch? Sie arbeiten sich in ein Thema ein. Irgendwann haben Sie dann aber das Gefühl, dass es einfach nicht weitergeht. Sie geben immer mehr Energie hinein und sind immer frustrierter. Die meisten geben dann auf und denken sich: „Na ja, das ist eben nichts für mich."

STOPP!

Das ist der Grund, warum so viele Menschen unter ihrem Potenzial leben.

Das ist der Grund, warum Kinder in dem Glauben aufwachsen, für ein bestimmtes Feld nicht geeignet zu sein. Denn es ist vollkommen normal, dass wir irgendwann vor der unsichtbaren Wand stehen. Die Schublade für ein bestimmtes Thema im Gehirn ist voll. Mehr geht nicht hinein und deswegen sagt unser Geist auch: „Mach mal Pause! Lass mich erst mal fertig verarbeiten. Später kann Neues nachkommen."

Wer jetzt noch mehr Zeit und Energie in das gleiche Thema gibt, bekommt den mentalen Mittelfinger von innen gezeigt, denn es entsteht eine Lernblockade. Das heißt aber nicht, dass hier irgendjemand nicht geeignet ist. Das heißt nur, dass es Zeit für eine Pause vom Thema ist. Oft sieht am nächsten Tag oder in der nächsten Woche die Welt schon wieder ganz anders aus.

Lassen Sie sich von niemandem erzählen, dass Sie für ein Thema oder eine Fähigkeit „einfach nicht gemacht" sind. Das sind die Zweifel von anderen Menschen und Sie sollten nicht zulassen, dass es Ihre Zweifel werden. Überlegen Sie sich, wie oft ein Kind hinfällt, bevor es laufen kann.

Zu diesem sagt man doch nach dem dritten Sturz auch nicht: „Na komm, Kleines, du bist eben nicht fürs Laufen gemacht, kannst auch kriechen."

Warum glauben dann Erwachsene, dass immer alles gleich klappen muss? Fragen Sie irgendeine erfolgreiche Person, ob sie beim ersten Scheitern gleich aufgegeben hat. Wir denken, Sie kennen die Antwort.

Also lassen Sie sich von den Kindern inspirieren: Die kennen diesen Quatsch noch nicht, dass man mit etwas aufhören soll, wenn man es mehrfach falsch macht. Kinder haben noch ein paar andere Vorteile: Ich kenne beispielsweise kein Kind, das auf einer Party erst einmal drei Bier trinken muss, um in Stimmung zu kommen.

Erkennen Sie also, dass Ihr Gehirn zwischendrin Stand-by-Zeit braucht. Machen Sie nicht den Fehler, zu denken, dass Sie mit einem Thema „fertig" sind, wenn Sie eine Zeit lang scheinbar nicht weiterkommen. Ich habe beispielsweise jahrelang gedacht, dass mein Wissen über Lerntechniken so ca. bei 9,5 von 10 einzuordnen ist. Dass es also bestimmt noch ein paar Sachen gibt, die ich nicht kenne, aber im Großen und Ganzen ist alles da.

Was für ein Fehler, denn irgendwann kamen Menschen in mein Leben, die mir gezeigt haben: Jap. Ich war bei 9,5. Aber die richtige Skala geht bis 100. So ist es bei jedem Gebiet. Man ist nie „fertig", außer man glaubt es. Danach ist man aber nicht wirklich „fertig", sondern nur momentan stagnierend.

Viele Facharbeiter glauben auch, dass sie 30 Jahre Berufspraxis haben. Das ist leider bei vielen falsch. Oft sind es nur drei Jahre Berufspraxis, die danach 27 Jahre wiederholt wurde.

Wie Ihr Gehirn nicht mehr ermüdet

DAS GEHIRN LIEBT UND HASST ARBEIT

Aaah. Nach getaner Arbeit erst mal Pause machen. Bloß nicht. Ihr Gehirn braucht keine Pausen. Vom Aufstehen bis zum Schlafen wird Ihr Gehirn keine Pause brauchen.

„Was?", werden Sie sich jetzt vielleicht denken. Aber nach einem Arbeitstag, da will man doch ein wenig entspannen, ein bisschen Sport machen, vielleicht auch eine Serie schauen oder etwas zocken. Das ist richtig, aber das ist keine Pause für Ihr Gehirn, denn Ihr Gehirn läuft immer auf 100 %, das wissen Sie bereits. Das Gehirn braucht keine Pause, sondern einen Wechsel der verschiedenen Arten von Arbeit. Fernsehschauen ist übrigens auch Arbeit. Zocken ist Arbeit. Sport ist Arbeit. Alles ist für unser Gehirn Arbeit. Leider ist das Wort Arbeit in unserer Gesellschaft negativ behaftet. Und diesen Negativ-Anker, den möchten wir jetzt hier in diesem Kapitel ein wenig auflösen.

WARUM ERMÜDET DAS GEHIRN?

Aber wenn das Gehirn immer arbeitet, warum ermüden wir dann bei manchen Aufgaben und bei manchen nicht? Das liegt daran, dass unser Gehirn einen Wechsel und einen Ausgleich zwischen den Arten der Arbeit braucht, die wir uns im Folgenden anschauen werden. Machen Sie, während Sie dieses Kapitel lesen, im Geist oder noch besser auf einem Blatt Papier eine Übung. Überlegen Sie bei jeder der genannten Arbeitsarten, in welchem Maße diese in Ihrem Leben auftritt. Denn wenn eine zu lange fehlt, kommt Stress auf, welcher sich negativ auf alle geistigen Prozesse auswirkt. Wenn aber eine Art der Arbeit unser Leben dominiert, ist das genauso gefährlich. Ein Ausgleich ist nicht nur wichtig – er macht auch glücklicher. Lassen Sie uns aber nun ohne weitere Umschweife sehen, was unser Geist alles kann und braucht. Beginnen werden wir mit einem Zitat von Noël Coward:

„Arbeit macht mehr Spaß als Spaß haben."

Fleißarbeit

Bei der Fleißarbeit geht es um scheinbar stumpfe Tätigkeiten, doch gerade diese Arbeit kann hochgradig befriedigend sein. Allerdings nur, wenn wir uns diese Aufgabe selbst aussuchen. Sie ist sicherlich vorhersehbar und eintönig und wird für Kinder manchmal sogar als Strafe eingesetzt.

Texte abschreiben, etwas sortieren oder aufräumen sind Beispiele hierfür. Aber auch eines der erfolgreichsten Spiele ist reine Fleißarbeit: Es geht um Bejeweled, ein Spiel, bei dem es darum geht, verschiedenfarbige Steine zu sortieren. Das klingt zwar so nicht spannend, aber das Spiel reißt trotzdem über 25.000.000 Nutzer mit und hat damit mehr als nur einen Rekord gebrochen. Das Wichtige bei dieser Art von Arbeit ist, dass Sie die Arbeit zielgerichtet durchführen. Dass ein Spiel das schafft, ist klar. Aber auch bei alltäglichen Tätigkeiten kann ähnlicher Spaß aufkommen, wenn Sie die Aufgabe so gestalten, dass kleine Fortschritte stets sichtbar sind.

Spannungsgeladene Arbeit

Wenn wir spannungsgeladene Arbeit als das genaue Gegenteil von Fleißarbeit beschreiben, sind Sie schon gut darüber im Bilde. Alles, was mit Gefahr, Risiko und Adrenalinkicks zu tun hat, fällt in diese Kategorie. Viele Menschen glauben, dass sie, wenn sie nur genug Geld verdienen, den ganzen Tag nur noch solchen Dingen nachgehen würden. Und diesen Menschen kann man nur wünschen, dass sie diese Menge Geld nie verdienen, ansonsten wäre das ein sehr schneller Weg ins Unglück. Denn inzwischen wissen Sie, dass der Wechsel der Tätigkeit wichtig ist.

Aber Vorsicht, ein Mangel bei dieser Arbeitsart kann genauso schädlich für die eigene Freude sein. Es ist wichtig, eine Komfortzone zu haben, aber auch genauso wichtig, diese regelmäßig zu verlassen und so auszuweiten.

Körperliche Arbeit

Diese Art erfordert keine lange Definition, ist aber gerade für Ihr Gehirn einer der wichtigsten Faktoren. Als Ausgleich zu allen geistigen Arbeiten ist Sie unbedingt erforderlich und so wichtig, dass wir Ihr im Laufe des Buches ein ganzes Kapitel widmen werden.

Denkarbeit

Wichtig ist hier das Gefühl, dass man zwar das Gehirn anstrengen muss, dass man dann aber definitiv auch etwas vollbringen kann. Denkarbeit haben wir in unserer Gesellschaft mehr als genug. Fernsehen ist beispielsweise in den ersten 15 Minuten Denkarbeit, danach jedoch nicht mehr. Das Lesen dieses Buches ist durchgängig Denkarbeit. Wahrscheinlich lesen Sie es auch, um genau in dieser Art der Arbeit besser zu werden, allerdings werden Sie gleich sehen, dass dieser Typ längst nicht alle wichtigen geistigen Tätigkeiten abdeckt. Da nahezu alles in unserer Gesellschaft in diese Kategorie fällt, ist es gerade hier wichtig, Ausgleich zu schaffen, um hier nicht zu viel Zeit zu verbringen.

Teamarbeit

Menschen lieben das Gefühl zu einer größeren Mission beizutragen. Dabei muss die Mission gar nicht groß sein, selbst ein Mannschaftssport wie Völkerball oder ein Videospiel wie World of Warcraft bieten alle Komponenten, um das Bedürfnis nach Teamarbeit zu erfüllen. Egal ob Sie introvertiert oder extrovertiert sind, Sie brauchen in regelmäßigen Abschnitten die Teilnahme an etwas, bei dem Sie in einer Gruppe von Menschen eine klar definierte Rolle spielen, um das Fundament für ein gut funktionierendes Gehirn zu legen.

Kreativarbeit

Eigene Ideen, die ein definitiv sichtbares Resultat haben, bilden hier das Fundament. Die meisten Formen von Kunst fallen in diese Kategorie, aber auch alles, was einen direkten Einfluss auf Ihre Umgebung hat, wie alle Formen von Renovierung oder auch die Veränderung einzelner Lebensumstände. Ein Mangel an Kreativarbeit ist die häufigste Ursache für die „Midlife-Crisis", denn viel zu viele Jobs klammern das „Kreieren" zu sehr aus. Bietet Ihre Arbeit hier keine Möglichkeit, dieses Bedürfnis zu erfüllen, empfehlen wir Ihnen, sich ein Ausgleichshobby zu suchen. Die Zeit, die Sie hier investieren, erhalten Sie vielfach in Form von einem schnelleren Denken und einer längeren geistigen Gesundheit zurück.

Entdeckungsarbeit

Menschen, die Neues entdecken, werden von ihrem Unterbewusstsein mit einer großen Menge an Belohnungshormonen versorgt. Gerade in der heutigen Zeit, in der so vieles schon erkundet und entdeckt wurde, scheint es aber besonders schwer zu sein, dieser Arbeit nachzugehen und diese Befriedigung zu finden. Glauben Sie den letzten Satz bitte nicht! Dieser Glaube würde Sie eine ganze Menge Energie kosten. Unserem Belohnungssystem ist es nämlich relativ egal, ob Sie nun der erste Mensch oder der hundertste sind, der eine Entdeckung macht. Wichtig ist, dass die Neuerung für Sie neu ist. Menschen, die dieser Art der Arbeit zu wenig nachgehen, werden stärker von Social Media angezogen, denn jedes neue Bild, jedes neue Video löst einen kleinen Belohnungsschub aus, da es ein neuer Eindruck ist. Dieser Schub ist allerdings zu klein, um wirklich zufriedenzustellen. Er ist aber groß genug, um das Verlangen in uns am Entdecken neuer Dinge zu reduzieren. Holen Sie sich die positiven Gefühle lieber über das erkundende Lernen und das Reisen. Erkundend lernen können Sie, wenn Sie ein Themengebiet ohne fremde Hilfe erschließen. Lernen Sie ein neues Programm nur auf Basis von herumprobieren und mit Internetrecherche über die einzelnen Funktionen oder erschließen Sie sich selbstständig ein beliebiges anderes Gebiet. Es geht dabei gar nicht um das, was Sie dabei lernen werden, sondern um den Vorgang an sich, denn Sie erfüllen hiermit ein Bedürfnis des Gehirns. Studien haben festgestellt, dass sogar Demenz und frühe Stadien von Alzheimer dadurch in ihren Symptomen stark zurückgedrängt werden können. Sie sehen also, die Zeit ist gut investiert.

IHRE PERSÖNLICHE BILANZ

Nachdem Sie nun die einzelnen Arten der Arbeit kennenlernen durften, ist es an der Zeit, Bilanz zu ziehen. Welche nimmt in Ihrem Leben einen so großen Raum ein, dass eine Reduzierung sich richtig anfühlt? Welche kam bisher zu kurz? Wenn Sie dieser Frage aktiv nachgehen, werden Sie feststellen, dass der Ausgleich der sieben Arten dafür sorgen wird, dass geistige Ermüdung bald der Vergangenheit angehört und sich Ihr tägliches Energielevel sich in einer Art erhöhen wird, dass Ihr Umfeld anfangen wird sich zu wundern. „Woher nimmst du nur all diese Energie?" Das ist eine Frage, die uns oft gestellt wurde, als wir bewusst begonnen haben, uns um einen Ausgleich zu bemühen. Wichtig ist es aber, dass Sie nun nichts überstürzen. Wir Menschen sind Gewohnheitstiere und jeder, der schon einmal eine Diät abgebrochen hat, weiß, dass das Durchbrechen einer Gewohnheit nicht immer einfach ist. Versuchen Sie daher nicht, zu große Veränderungen in zu kurzer Zeit durchzusetzen. Denn die meisten Menschen überschätzen, was in einer Woche möglich ist, und unterschätzen, was in einem halben Jahr erreichbar ist. Wenn Sie jede Woche einen kleinen Teil der täglichen Routine ändern, werden Sie viel mehr erreichen, als wenn Sie versuchen von heute auf morgen die eigene Tagesroutine zu 80 % zu verändern. Das gilt übrigens nicht nur für das Suchen von Ausgleichstätigkeiten. Gerade die Kapitel über Ernährung und Sport bringen viele Menschen aus der eigenen Komfortzone heraus. Deshalb ist eine schrittweise Einführung des Gelernten gerade hier essenziell, damit sich ein Erfolg auch wirklich einstellen kann. Ein Erfolg, der für Sie nicht mit Stress, sondern mit Entspanntheit verbunden ist.

Unbegrenzte Energie

Flow – das pure Glück – die pure Energie

Haben Sie das schon einmal erlebt? Sie waren mit einer Aufgabe oder einem Spiel beschäftigt. Vielleicht haben Sie auch begonnen eine Serie zu schauen. Sie dachten sich: Nur noch fünf Minuten, dann höre ich auf. Nur noch drei Klicks. Nur noch das eine Level. Gefühlte fünf Minuten später schauen Sie dann auf die Uhr und sind mehr als nur schockiert, wenn Sie die Zeit sehen. Vielleicht ist es auch gar nicht die Uhr, die Ihnen das Bewusstsein für Zeit zurückgibt, sondern die aufgehende Sonne. Mit dem Ende der Tätigkeit kommt aber dann noch etwas ganz anderes dazu. Sie merken plötzlich, dass Sie währenddessen mehr als nur ein Grundbedürfnis vernachlässigt haben. Hunger, Durst, Harndrang und vielleicht auch Schmerzen, wegen einer nicht ganz optimalen Sitzhaltung machen sich breit. Was ist da passiert?

Sie waren regelrecht verschmolzen mit dem, was Sie da getan haben, sozusagen im Fluss. Dieser Zustand des "Im-Fluss-Sein", in dem Sie links und rechts nichts mehr mitbekommen, wurde erstmals von dem Psychologen Mihály Csíkszentmihályi entdeckt. Mit dieser Entdeckung hat er die sogenannte positive Psychologie begründet, die sich mit Glück und Tatendrang befasst. Heute wissen wir, dass dieser Zustand, der sich „Flow" nennt, einer der höchsten Glückszustände ist, die ein Mensch empfinden kann. Zusätzlich ist es ein Zustand, in dem wir nahezu unbegrenzte Energie aufrufen können, sowohl körperlich als auch geistig. Währenddessen brauchen Sie sich gar keine Gedanken über das Thema Kreativität machen. Denn die Ideen und die Impulse, die Sie brauchen, kommen wie von allein genau in dem Moment, in dem Sie diese brauchen. Lassen Sie uns also ergründen, wie Sie diesen Zustand nicht nur häufiger, sondern auch gezielter auslösen können, denn Glück und Hochleistung in Kombination sind definitiv erstrebenswert.

Wege in den Flow

Wenn Sie einen Flow-Zustand erlebt haben und am nächsten Tag alles wieder ganz genauso machen wollen, um ihn wieder herbeizuführen, dann wird das nicht funktionieren. Sie können nicht zweimal auf die gleiche Art und Weise in den Fluss kommen. Dennoch ist es einfach. Der erste und wichtigste Schritt ist, dass Sie sich die Frage stellen, ob Sie das, was Sie gerade tun, fordert.

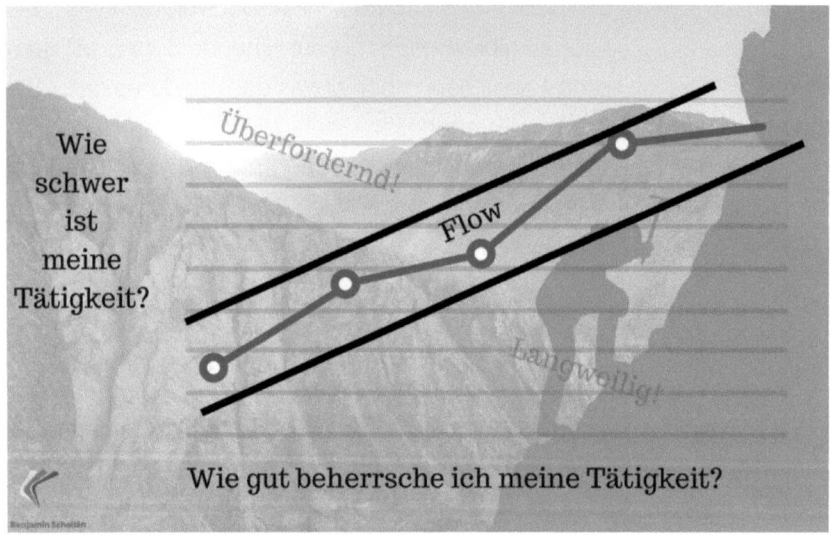

Wenn etwas zu einfach, zu unterfordernd oder zu langweilig ist, investiert Ihr Gehirn auch nicht allzu viel Energie hinein. Das ist leider auch die Hauptherausforderung für nahezu alle beruflichen Tätigkeiten, Beziehungen und generell für das Thema *Lebensfreude*. Denn das, was heute noch exakt im Korridor zwischen „zu leicht" und „überfordernd" ist, kann am nächsten Tag schon zu einfach sein. Es ist einfach nicht möglich, irgendetwas zu tun ohne dazuzulernen. Daher ist es auch nicht vermeidbar, dass die Dinge, die Sie heute noch auf einem angenehmen Level fordern, schon in einiger Zeit zur Routine werden. Das ist auch der Grund, warum viele in ihrem Beruf anfangs motiviert sind und später in ein träges Routineprogramm fallen und die Freude an der Arbeit verlieren. Diese Erscheinung ist dafür verantwortlich, dass viele ältere Menschen geistig stark abbauen, wenn keine neuen Herausforderungen ins Leben kommen. Die Midlife-Crisis entsteht ebenso oft aus mangelnder „Action". Sie trifft besonders häufig erfolgreiche Menschen, die sich hochgearbeitet haben und nun komfortabel leben können. Höher geht es nicht ohne Weiteres, niedriger ist nicht gewünscht oder nicht sozial anerkannt. Wenn nun alle Aufgaben des täglichen Lebens mit links funktionieren, dann entsteht so schlicht ein Mangel an Herausforderungen. Die Flow-Momente werden immer seltener und immer kürzer. Dass es dann irgendwann zum Ausbruch aus dieser Routine kommen muss, verwundert in dieser Hinsicht niemanden mehr, wenn wir erkennen, was wahre Freude an einer Tätigkeit ausmacht.

Denn Flow kommt nur dann auf, wenn Sie Ihre Mission zwar schaffen können, aber eben gerade so. Wenn Sie alles, was Sie können, aufbieten müssen um erfolgreich zu sein, also dann, wenn Sie Ihre Komfortzone verlassen müssen und an der Aufgabe wachsen können, dann erst besteht eine realistische Chance auf diesen erstrebenswerten Zustand.

Spaß spielt übrigens auch eine essenzielle Rolle. Gamification ist die Kunst, eine Aufgabe, die kein Spiel ist, so motivierend wie ein Spiel zu machen. Sie ist nicht umsonst einer der am schnellsten wachsenden Managementstile, denn im Grunde ist ein Spiel nur eine Aufgabe, die um der Freude willen getan wird. Das hat auch die Videospielindustrie erkannt. Hier werden längst schon nicht mehr nur Programmierer und Designer, sondern auch immer größer werdende Teams von Psychologen und Motivationsforschern beschäftigt. Zu lukrativ ist es, Spiele zu erschaffen, die Menschen so sehr in den Bann ziehen, dass es eine Option ist, die ganze Freizeit in fiktiven Welten zu verbringen. Dabei laufen alle diese Forschungen auf das Erzeugen von Flow während des Spielens hin. Lassen Sie uns also ein paar Dinge aus der Welt der Videospiele in die Realität bringen, denn so wird es Ihnen möglich, die meisten Aufgaben mit Spaß aufzuladen, um mehr Kontrolle über die Energie zu haben, die Ihr Unterbewusstsein für eine Aufgabe aufwendet.

Spaß an einer Aufgabe kommt dann auf, wenn Feedback aus der Tätigkeit heraus entsteht, also dann, wenn Sie immer im Blick haben, wie weit Sie gerade sind. Die meisten Spiele regeln das über Fortschrittsbalken oder Listen, bei denen die einzelnen, bereits erledigten Aufgaben mit jedem kleinen Erfolg abgehakt werden. So banal es klingen mag, aber tatsächlich kann eine kleine Checkliste schon Wunder wirken. Diese muss nicht zwingend digital sein. Eine ganz einfache auf dem Papier reicht auch schon aus und ist dabei auch schneller erstellt. Noch besser ist es, wenn Sie sich einen Fortschrittsbalken mit den einzelnen Schritten auf dem Weg zum angestrebten Ziel aufmalen. Wenn Sie Ihre Aufgaben so klein hacken, dass alle fünf Minuten die Möglichkeit zum Abhaken besteht, triggern Sie genau einen der Motivatoren, die auch bei Videospielen dafür zuständig sind, dass der Zocker dranbleibt.

Sicherlich, es gibt Tätigkeiten, die aus sich heraus schon Feedback geben. Während wir diese Zeilen schreiben, sehen wir wie sich die Zahl der Wörter erhöht und das Manuskript nach und nach wächst. Wenn eine Tätigkeit auf diese Weise aus sich heraus schon Rückmeldung gibt, ist eine zusätzliche Visualisierung zwar hilfreich, aber nicht zwingend erforderlich.

Was wir Ihnen aber definitiv bei jeder Aufgabe empfehlen, ist das Setzen einer erstrebenswerten Belohnung. Mit Sicherheit haben Sie in Ihrem Leben die eine oder andere schöne Sünde, sei es etwas Spielerisches oder Nahrung, die zwar nicht gesund, aber lecker ist. Natürlich, wir alle wissen, dass wir die Zeit, die wir in Videospiele, Serien und Co geben, besser nutzen könnten. Ja, mit der Information, dass Schokolade oder andere zuckerhaltige Nahrung nicht sonderlich gesund ist, erzählen wir Ihnen auch nichts Neues. Aus solchen Lastern, die wir uns entweder nicht oder vorerst nicht abgewöhnen wollen, lassen sich aber wertvolle Motivatoren machen. Denn es ist viel leichter, bei einer Aufgabe im Fluss zu bleiben, wenn am Ende ein klares Ziel steht. Das ist auch eines der großen Probleme für viele Mitarbeiter in Großkonzernen. Hier ist es oft so, dass jeder Mitarbeiter einen konkreten Arbeitsschritt aus einem großen Prozess übernimmt. Derart losgelöst fühlen sich diese Aufgaben dann aber oft an, als wäre man ein Zahnrad in einer Maschine. Nicht umsonst setzen immer mehr Firmen auf einen Kurs in Richtung von Aufgaben, bei denen der größere Sinn hinter der eigentlichen Aufgabe klar ist. Denn auch das Gefühl, etwas Sinnvolles getan zu haben, oder der Gedanke daran, dass die eigene Tätigkeit anderen hilft, sind genauso Belohnung, wie wenn Sie es sich erlauben, im Anschluss etwas Spaßiges zu tun oder etwas Leckeres, aber nicht ganz Gesundes zu essen.

Drei Worte zu Multitasking

Sie sehen, dass die Schritte in den Flow einfach realisierbar sind, aber es gibt einen enorm wichtigen Aspekt. Wenn Sie diesen nicht beachten, machen Sie es sich unmöglich, in einer Aufgabe zu versinken. Aktuelle Studien zeigen sogar, dass Sie sich die Möglichkeit nach und nach nehmen, Hormone für Zufriedenheit in Ihrem Körper freizusetzen. Wenn das mal keine Motivation ist, hier ganz genau hinzuschauen. Es geht um Unterbrechungen und Multitasking. Daher möchten wir Ihnen drei Worte zu Multitasking sagen: Vergessen Sie es. Der Wechsel zwischen Tätigkeiten ist nämlich der richtige Begriff für eine Arbeitsart, die leider immer beliebter wird, obwohl es Menschen nachweislich krank und unglücklich macht. Es ist nicht möglich, Ihre Aufmerksamkeit auf zwei Dinge gleichzeitig zu richten und dabei noch 100 % Ihrer geistigen Energie zu nutzen. Maximal zwei mal 30 % können Sie hier erwarten. Außerdem kann nur das Bewusstsein so arbeiten. Das viel mächtigere Unterbewusstsein, welches später in diesem Buch noch eine größere Rolle spielen wird, bleibt so dauerhaft deaktiviert und der Flow wird unmöglich.

Doch auch wenn Sie von Multitasking schon jetzt nichts halten, so haben wir im 21. Jahrhundert einen großen Gegenspieler des Fokus immer näher als drei Meter an uns. Es geht um das Smartphone. Wir sind beide keine Technikgegner, das absolute Gegenteil ist der Fall. Aber wenn es darum geht, geistige Leistung zu vollbringen, ist jede Benachrichtigung, jedes Vibrieren, jedes Pop-up ein ernsthafter Feind der Freude an einer Arbeit. Selbst wenn Sie die Signale ignorieren, Ihr Gehirn kann nicht nicht verarbeiten. Sie werden jeder Benachrichtigung unterbewusst geistige Rechenleistung zuweisen. Damit ist scheinbar gezieltes Arbeiten dann doch wieder Multitasking, da Sie unterbewusst nicht mehr zu 100 % bei der Sache sind. Deaktivieren Sie daher an Ihrem PC die Benachrichtigungen für eingehende E-Mails. Schalten Sie alle Geräte auf stumm oder richten Sie eine Liste ein, sodass nur noch wichtige Anrufe und Nachrichten durchkommen. Noch besser ist es, alles, was Sie nicht für Ihre Arbeit brauchen, aus dem Raum zu werfen. Das schließt manchmal auch Mitmenschen ein.

Ein Platz für gutes Arbeiten

Aber auch Ihr Schreibtisch verdient eine intensive Begutachtung. Jeder Gegenstand, der für das, was Sie gerade tun, nicht nötig ist, blockt Rechenleistung in Ihrem Gehirn. Selbst Bilder an der Wand werden immer wieder unbewusst verarbeitet.

Keine Sorge, das Ziel ist es nicht, dass Sie an einem leeren Schreibtisch in einem klinisch weißen Raum arbeiten. Das Ziel ist es nur, dass Sie jede Ablenkung eliminieren und nur noch die Dinge in Ihrem Sichtfeld behalten, die Ihnen entweder guttun oder die einen konkreten Nutzen für Ihre Ziele haben.

Bewährt hat sich an dieser Stelle das sogenannte Umzugsspiel. Packen Sie alle Gegenstände in dem Zimmer, welches Sie optimieren möchten, in Kartons und Kisten, als ob Sie umziehen würden. Jetzt geht es wieder ganz normal in das tägliche Leben. Wenn Sie einen Gegenstand aus den Umzugskisten brauchen oder vermissen, nehmen Sie ihn sich und platzieren Sie ihn dort, wo er seinen Platz hat. Nach einem Monat zeigen die Kartons und deren Inhalt ein klares Bild. Denn das, was dort noch ist, hat definitiv keinen dauerhaften Platz in Ihrem Sichtfeld verdient. Es spricht wenig dagegen, die Dinge einfach zu entsorgen. Dokumente und Ordner, die Sie einfach aus gesetzlichen Gründen aufheben müssen, spielen hier natürlich eine Sonderrolle. Diese einfach wegzuwerfen raten wir nicht. Aber müssen diese Ordner wirklich permanent in Ihrem Sichtfeld sein? Wenn Sie alle drei Monate einmal ein altes Dokument hieraus brauchen, dann spricht doch nichts dagegen, diese entweder in einem Regal hinter Ihnen oder gleich in einem anderen Raum zu platzieren. Die Zeit, die es Sie dann alle drei Monate kostet, zwischendurch den Raum zu wechseln, erhalten Sie dadurch mehrfach zurück, dass Sie mehr Fokus beim Arbeiten haben und weniger Energie passiv über den Tag verbraucht wird. Denken Sie daran, Ihr Gehirn kann nicht nicht verarbeiten. Alles im Raum wird mehrfach am Tag gescannt. Je weniger Impulse Sie Ihrem Gehirn also vorsetzen, desto mehr Energie wird auf das Wesentliche gelenkt.

Wenn da der innere Schweinehund nicht wäre

PROKRASTINATION – EIN HÄSSLICHES WORT FÜR EINE HÄSSLICHE SACHE

Da ist noch eine Sache, die uns daran hindert, so richtig in den Fluss zu kommen. Haben Sie schon einmal erlebt, dass Sie mit einer Aufgabe beginnen wollen, aber es gestaltet sich zäh wie Kaugummi? Sie quälen sich durch jeden Handgriff, alles in Ihnen schreit, dass Sie nicht weitermachen wollen. Wenn wir frei über unsere Aufgabenverteilung entscheiden können, erkennen wir diesen Effekt noch klarer. Die Aufgabe, gegen die sich alles sträubt, hat zwar noch nicht begonnen. Aber jeder Raum des Hauses ist aufgeräumt und geputzt, der Abwasch gemacht, das E-Mail-Postfach wurde 20mal gecheckt und die eigenen Ordner am PC sind bestens aufgeräumt sowie alle Bilder nach Dateiformat, gezeigten Menschen und Aufnahmeort sortiert. Wie schön, dass Sie sich hierbei dennoch produktiv fühlen können, auch wenn noch nichts an der Aufgabe, die eigentlich geplant war, passiert ist. Dieser Effekt heißt Prokrastination oder auch „Aufschieberitis". Haben Sie schon einmal vom inneren Schweinehund gehört? Genau der ist daran schuld. Aber auch wenn das

Bild vom Schweinehund im Kopfkino ganz witzig aussieht – so witzig ist es gar nicht. Wer regelmäßig prokrastiniert (das Wort wird durch Wiederholung nicht schöner), reduziert systematisch das eigene Selbstwertgefühl. Schlimmer noch – der Glaube an sich selbst, das Selbstbewusstsein und die Disziplin nehmen mit jedem Mal ab. Grund genug also, dass wir diesem psychologischen Mechanismus auf den Grund gehen und uns anschauen, was wir dagegen tun können. Vielleicht ist das Ganze sogar zu etwas gut.

DER FEIND IM EIGENEN GEHIRN?

Haben Sie schon einmal nach Neujahr versucht, eine alte Gewohnheit zu brechen oder eine neue aufzubauen? Im Januar wird eine unglaubliche Anzahl an neuen Jahresverträgen in Fitnessstudios abgeschlossen, wovon aber bereits im Februar die monatlichen Zahlungen das einzige Lebenszeichen der neuen Mitglieder sind. Doch nicht nur beim Sport, sondern auch beim Essen, bei geistiger Arbeit und vielen anderen Dingen sind wir scheinbar nicht allein in unserem Kopf. Fast so, als würde ein kleiner Gnom alle Ziele, die wir uns voller Energie setzen, sabotieren wollen. Schlimm ist es gar nicht, dass wir einzelne Ziele nicht erreichen. Schlimm ist es, wenn wir irgendwann aufhören neue zu setzen, weil sich der Glaube eingenistet hat, dass es ohnehin nichts wird. Lassen Sie diesen Glauben niemals zu, denn schon ein altes Sprichwort sagt:

> *„Wer aufgehört hat zu träumen, der hat angefangen zu sterben.“*

Der Hauptgrund, warum wir unsere Ziele nicht erreichen und die Prokrastination die Macht übernimmt, ist wieder einmal unser limbisches System, unser interner Energiesparer. Neue Dinge kritisch austesten kostet Energie und die war damals bekanntlich sehr wichtig. Klar wollten unsere Instinkte uns davon abhalten, das, was funktioniert und uns offensichtlich nicht umgebracht hat, zu erhalten. Diese Hemmschwelle ist evolutionsbedingt. Wer in der Urzeit seine Energie nicht sparsam eingesetzt hat, hatte eine bedeutend geringere Chance, seine Gene in die nächste Generation weiterzugeben. Somit sind die Menschen ohne Energiesparmodus im Gehirn wahrscheinlich nicht unsere Vorfahren, sondern eher die, die es sich mehrfach überlegt haben, ob sich der Aufwand jetzt wirklich lohnt. Wenn Sie nun aber Bewusstsein darüber haben, dass es dieses Programm gibt, ist der erste Schritt zu seiner Überwindung schon getan. Denn in dem Moment, in dem Sie sich bewusst sind, dass Sie sich gerade von den wichtigen Dingen ablenken, können Sie gegensteuern.

Doch reagieren sollte hier nicht das Ziel sein – agieren Sie lieber schon im Vorfeld. In Situationen starken Stresses ist es leicht, neue Dinge ins eigene Leben zu bringen. Doch in friedlichen Zeiten, müssen wir unserem Geist jede Änderung in kleinen Schritten verkaufen. Wenn Sie versuchen, an einem Tag einen komplett neuen Tagesablauf zu strukturieren und nun planen, diesen jeden Tag so umzusetzen, stehen die Chancen gut, dass in einer Woche wieder alles beim Alten ist. Arbeiten Sie lieber über kleine Veränderungen und mit zunächst geringer Frequenz. Sie wollen Ihre Ernährung ändern? Dann ändern Sie eine Mahlzeit, nicht gleich alle. Dann nehmen Sie sich erst einmal nur vor, jeden zweiten Tag die neue und hoffentlich gesündere Variante zu essen. Sobald Sie merken, dass das für Sie nach ein paar Tagen stressfrei funktioniert, können Sie die Frequenz auf täglich erhöhen. Eine neue Gewohnheit braucht ca. 15–30 Tage, bis sie ins Unterbewusstsein eingegangen ist. Wenn Sie immer nur eine Sache gleichzeitig verändern, erreichen Sie mehr, als Sie glauben. Die meisten Menschen überschätzen, was in einer Woche möglich ist und unterschätzen, was in einem Jahr erreichbar ist. Denn in dem Moment, in dem Sie eine Gewohnheit aufgebaut haben, arbeitet die Prokrastination für Sie, nicht mehr dagegen. Denn nun werden alle Dinge, die gegen Ihre neuen positiven Programme laufen, mit der gleichen Hemmschwelle versehen, die es Ihnen davor erschwert hat, bei Aufgaben in die Umsetzung zu kommen.

Übermenschliches Lesen

Was kann Speed-Reading?

Schnelligkeit wird oft mit Anstrengung und Stress in Verbindung gebracht. Wenn wir eine Aufgabe besonders schnell erledigen sollen, kostet uns das angeblich auch mehr Energie.

Anders verhält es sich aber, wenn wir lesen. Auch wenn es unlogisch klingt, es ist anstrengender, langsam zu lesen. Wer bisher aufmerksam gelesen hat, weiß, warum.

Schauen wir uns einmal an, welches Potenzial im schnelleren Lesen bei besserem Verständnis liegt. Nehmen wir einmal an, dass Sie zwei Stunden am Tag beruflich oder privat in Fachbüchern lesen. Wenn es Ihnen gelingt, Ihre Lesegeschwindigkeit um 50 % zu steigern, sparen Sie 20 Stunden im Monat. Auf das Jahr gerechnet sind das 240 Stunden, oder 30 Vollzeit-Arbeitstage.

Aber 50 % ist noch ein wirklich vorsichtiger Wert. Realistisch möglich ist es, in diesem Kapitel 100 % bis 200 % zu versprechen.

Allerdings empfehlen wir Ihnen, nicht bei jedem Text diese Techniken anzuwenden. Bei einem guten Roman ist es ein Teil des Lesegenusses in eine vom Autor geschaffene Welt einzutauchen und Bilder aus dieser Welt vor dem geistigen Auge entstehen zu lassen.

Wenn es aber um den Wissenserwerb geht, ist jede Minute gesparte Lebenszeit und jedes Prozent Textverständnis unschätzbar wertvoll.

Doch schauen Sie es sich am besten selbst an. Lassen Sie uns nun starten.

Auf zur Ermittlung Ihrer Lesegeschwindigkeit

Wir schaffen zunächst einen Ausgangswert. Mit dem folgenden Text können Sie Ihre Lesegeschwindigkeit messen.

Rasen Sie aber nicht durch den Text, auch auf das Verständnis kommt es an.

Holen Sie sich, bevor es losgeht, irgendetwas, das als Stoppuhr taugt.

Nachdem Sie den Text gelesen haben, warten Sie ca. eine Minute und stoffwechseln in dieser Zeit einfach friedlich vor sich hin oder verbringen die Zeit anderweitig mit etwas, was nichts mit dem Text zu tun hat. Danach blättern Sie um, und Sie werden auf Fragen zum Text treffen. So erfahren Sie, welche Lesegeschwindigkeit Sie bei welchem Aufnahmegrad an den Tag legen.

–Hier am besten eine Trennseite rein–

Erster Test der Lesegeschwindigkeit

Das Runner's High – das Hochgefühl, das sich bei Langstrecken- oder Marathonläufern nach einiger Zeit einstellt. Doch laufen bringt noch mehr Vorteile mit sich – Sie müssen noch nicht einmal dabei rennen. Ein einfacher, aber regelmäßiger Spaziergang hilft schon dabei, nicht nur fitter zu werden, sondern auch schlau zu bleiben.

Permanentes Sitzen wird mit einem höheren Risiko, an Alzheimer, Parkinson oder Depressionen zu erkranken, in Verbindung gebracht. „Sitzen ist der neue Krebs", ist eine häufige Schlagzeile. Jede Stunde, die Sie täglich auf der Couch verbringen, steigert die Sterblichkeit um elf Prozent. Zumindest laut Ergebnis einer Studie des australischen Herz- und Diabetes-Instituts in Victoria.

Umgekehrt konnten mehrere Versuche, auch an der Yale University, zeigen, dass bei regelmäßiger Bewegung Proteine wie IGF1, VEGF oder BDNF ausgeschüttet werden, die zum einen die Bildung neuer Blutgefäße im Gehirn fördern und zum anderen auch das Wachstum frischer Nervenzellen im Hippocampus anregen. Zudem helfen diese Proteine, die grauen Zellen besser miteinander zu vernetzen.

Sogar das Risiko für eine Depression lässt sich durch Bewegung minimieren. So haben US-Forscher des National Institute of Mental Health etwa 1900 gesunde Menschen über einen langen Zeitraum beobachtet: Die Depressionsrate derjenigen, die sich in dieser Zeit kaum bewegten, war doppelt so hoch wie die der regelmäßigen Jogger oder Spaziergänger.

Eine Untersuchung von 4600 Kindern an der Universität in Athen bestätigt: Faule, bewegungsarme Kinder wiesen häufiger depressive Verstimmungen auf als die körperlich aktiven.

Auch die Psychologin Sabine Schäfer vom Max-Planck-Institut hat sich mit der körperlichen Bewegung und dem Laufen beschäftigt. In einem dreistufigen Experiment mussten 32 Kinder und 32 Erwachsene einen Gedächtnistest absolvieren.

Beim ersten Durchgang liefen ihre Probanden parallel zum Lernen auf einem Laufband – bei einer selbst gewählten Geschwindigkeit. Im zweiten Versuch wurde das Tempo von Schäfer festgelegt. Der dritte Durchlauf war eigentlich keiner: Hier mussten die Teilnehmer die Aufgaben im Sitzen bearbeiten.

Es zeigte sich: Wer auf dem Band lief, lernte besser als beim Sitzen – und das über alle Altersgruppen hinweg. Auch bei schwierigeren Aufgaben kam dasselbe Ergebnis heraus, jedoch bei den Kindern stärker als bei den Erwachsenen. Ebenso lernten die Probanden bei ihrem eigenen Tempo besser als bei dem von Sabine Schäfer gewählten. Die Wissenschaftlerin vermutet, dass körperliche Aktivität, zusätzliche Energiereserven freisetzt und so das Gehirn anregt.

Charles Hillman von der Universität von Illinois konnte außerdem bei seinen Untersuchungen feststellen, dass schon kurze Pausen mit körperlicher Bewegung enorm die Hirnaktivität anregen. Anschließend verbesserten sich bei den Probanden Reaktionszeiten, Konzentrationsvermögen und die Fähigkeit, schnell zwischen verschiedenen Aufgaben hin und her zu wechseln. Welchen enormen Unterschied eine 20minütige bewegte Pause im Gehirn ausmachen kann, zeigen eindeutig die Hirnscans der 241 Teilnehmer. Zu ähnlichen Ergebnissen kommen auch die Untersuchungen von Marily Oppezzo und Daniel L. Schwartz. In diesem Versuch verbesserten sich die geistigen Leistungen der Probanden durch das Spazierengehen um 23 %.

Genauso bei Simone Ritter, Rick van Baaren und Ap Dijksterhuis von der Radboud Universität im holländischen Nijmegen. Für die Experimente rekrutierte das Forschertrio zunächst 112 Studenten und gab ihnen jeweils rund zwei Minuten Zeit, um relativ harmlose Aufgaben möglichst originell zu lösen. So was wie: Wie lässt sich für Supermarktkunden die Wartezeit in der Schlange vor der Kasse attraktiver gestalten?

Als Nächstes haben die Forscher ihre Probanden in zwei Gruppen unterteilt: Die einen gingen gleich wieder an die Arbeit und die zweite Hälfte sollte sich mit ein paar einfachen Spielchen für zwei Minuten ablenken. Währenddessen bewertete eine unabhängige Jury die Qualität und Kreativität der Ideen. Danach waren die Studenten an der Reihe, ihre besten Einfälle auszuwählen. Das Erste, was die Wissenschaftler bemerkten, war unspektakulär: Beide Gruppen erstellten eine annähernd gleiche Zahl an Vorschlägen und bei beiden waren die Einfälle auch vergleichbar gut und kreativ.

Dann aber stellte das Team um Simone Ritter etwas Bemerkenswertes fest: Die Tatsache, dass der einen Gruppe Zeit gegeben wurde sich abzulenken, hat ausgereicht, damit diese deutlich besser erkennen konnten, welcher Vorschlag brauchbar war und welcher eher nicht. Die Studenten, die sofort zur Bewertung übergingen, haben nur rund 20 % ihrer innovativsten Gedanken identifizieren können. Bei den zuvor Abgelenkten waren es ganze 55 %.

Wer sich also zwischen dem kreativen Arbeiten und dessen Bewertung ablenkt, findet gut doppelt so viele gute Ideen. Vorausgesetzt natürlich, das grundlegendes Wissen vorhanden ist.

Warten Sie nach dem Lesen eine Minute, bevor Sie umblättern.

Ihre Lesezeit war:

0-1 Minuten		1-2 Minuten		2-3 Minuten		3-4 Minuten	
00:10	4182	01:10	597	02:10	322	03:10	220
00:20	2091	01:20	523	02:20	299	03:20	209
00:30	1394	01:30	465	02:30	279	03:30	199
00:40	1046	01:40	418	02:40	261	03:40	190
00:50	836	01:50	380	02:50	246	03:50	182
01:00	697	02:00	349	03:00	232	04:00	174

4-5 Minuten		5-6 Minuten		6-7 Minuten		7-8 Minuten	
04:10	167	05:10	135	06:10	113	07:10	97
04:20	161	05:20	131	06:20	110	07:20	95
04:30	155	05:30	127	06:30	107	07:30	93
04:40	149	05:40	123	06:40	105	07:40	91
04:50	144	05:50	119	06:50	102	07:50	89
05:00	139	06:00	116	07:00	100	08:00	87

Ihre Lesegeschwindigkeit ist:

WPM (Wörter pro Minute)

Fragen zum ersten Lesetext

1. Für welche Krankheiten kann zu häufiges Sitzen das Risiko erhöhen?

   Krebs

   Depressionen

   Parkinson

   Alzheimer

   Thrombose

2. Wie heißt das Glücksgefühl, welches sich nach Langstrecken- oder Marathonläufen einstellt?

3. Sortieren Sie die einzelnen Probandengruppen nach Ihrer Hirnleistung und Ihrer Lernfähigkeit während des Experiments von Sabine Schäfer am Max-Planck-Institut. Die beste Gruppe erhält eine 1, diejenigen die sich am schwersten getan hat, eine 3. Eine genannte Gruppe gab es nicht. Ignorieren Sie diese.

   Beim Lernen im Wunschtempo auf dem Laufband

   Beim Lernen konzentriert im Sitzen arbeiten

   Beim Lernen im vorgegebenen Tempo auf dem Laufband

   Beim Lernen unter Leistungsdruck auf dem Laufband

4. Jede täglich auf der Couch verbrachte Stunde erhöht die Sterblichkeit um ____ %.

5. Was unterschied die beiden Teilnehmergruppen im zweiten Test?

   Eine Gruppe bewegte sich zwischendurch, die andere nicht.

   Eine Gruppe lief auf dem Laufband, die andere nicht.

   Eine Gruppe spielte zwischendurch ein paar Spiele.

   Keine Antwort ist richtig.

6. Was war das Resultat des zweiten Tests?

   Wer sich zwischendurch ablenkt, ist kreativer.

   Bewegung erhöht die geistige Leistung.

   Wer sich zwischendurch ablenkt, kann Ideen besser bewerten.

   Bewegung erschwert Konzentration.

Keine Antwort ist richtig.

Lösungen zu den Fragen

1. Häufiges Sitzen führt zu:

   Alzheimer, Parkinson, Depressionen

2. Das Glücksgefühl heißt „Runners High".

3. Beim Lernen im Wunschtempo auf dem Laufband

   Beim Lernen im vorgegebenen Tempo auf dem Laufband

   Beim Lernen konzentriert im Sitzen arbeiten

4. Jede täglich auf der Couch verbrachte Stunde steigert die Sterblichkeit um elf Prozent.

5. Eine Gruppe bewegte sich zwischendurch, die andere nicht

6. Bewegung erhöht die geistige Leistung

   Bitte den zweiten und dritten Test nicht verwechseln!

Verständnis	
6	100,00%
5	83,33%
4	66,67%
3	50,00%
2	33,33%
1	16,67%

Fragen richtig beantwortet.

Ihr Textverständnis ist %.

Lesebremsen vermeiden

	Ja	Nein
Zeigen Sie beim Lesen mit dem Finger auf Wörter?		
Sprechen oder flüstern Sie den Text mit?		
Sprechen Sie den Text in Gedanken mit?		
Schauen Sie jedes Wort einzeln an?		
Bewegen Sie den Kopf beim Lesen?		
Gehen Sie nach einem Satz oder einem Abschnitt nochmals zurück, um einzelne Stellen noch einmal zu lesen?		
Lassen Sie sich beim Lesen leicht ablenken?		
Sind Sie beim Lesen mit den Gedanken manchmal woanders als beim Buch?		
Haben Sie am Ende einer Seite manchmal das Gefühl, nicht mehr zu wissen, worum es am Anfang ging?		

Wie oft haben Sie mit „Ja" geantwortet?

Jede dieser Lesebremsen reduziert Ihre Lesegeschwindigkeit um etwa 10 %.

Wenn Sie mehr als vier Mal „Ja" angekreuzt haben, lassen Sie sich beim Abgewöhnen Ihrer persönlichen Lesebremsen ruhig Zeit. Setzen Sie sich nicht unter Druck, indem Sie versuchen alle auf einmal zu vermeiden.

Gelingt es Ihnen erst einmal drei oder vier davon loszuwerden, haben Sie schon große Fortschritte gemacht.

Am Anfang werden viele dieser Übungen Sie beim Lesen verunsichern. Erfahrungsgemäß sorgt das Weglassen der „Inneren Stimme", also das Lesen, ohne in Gedanken mitzulesen für Bauchschmerzen. Wer diese Technik neu übt, wird am Anfang das Gefühl haben, den Text nicht zu erfassen.

Tatsächlich ist das Textverständnis aber höher, wenn Sie diese Angewohnheit abgelegt haben. Der verarbeitende Bereich Ihres Gehirns ist direkt mit dem Auge verbunden. Somit sparen Sie Ihrem Gehirn einen unnötigen Schritt und entlasten es hiermit.

Schalten Sie am besten den Verstand ein wenig aus. Das klingt beim Lesen, also dem Aufnehmen von Informationen, unlogisch? Stellen Sie sich einfach jemanden vor, der mit dem „Zehn-Finger-System" einen Text schreibt. Wenn beim intuitiv ablaufenden Schreiben mal ein Fehler passiert, wird der eben am Ende korrigiert und nicht mittendrin, da das nur unnötig aufhält.

Das Korrigieren übernimmt in diesem Beispiel Ihr Gehirn und zwar vollkommen automatisch während des Lesens. Auch wenn Sie das Gefühl haben, nicht alles erfasst zu haben, wird sich das Wissen im Nachhinein in Ihrem Gedächtnis befinden. Sie müssen es nicht von Hand „sortieren", Ihr Gehirn arbeitet in diesem Falle als Ihre motivierte Sekretärin.

Probieren wir es gleich einmal aus.

Wieder ist es Ihr Ziel, den Text so schnell wie möglich zu lesen, aber auch den Inhalt aufzunehmen.

Lesen Sie nicht mit Ihrer inneren Stimme mit (nur bei schweren und langen Wörtern). Versuchen Sie, auch die anderen Bremsen zu lösen.

Zweite Ermittlung Ihrer Lesegeschwindigkeit

Kaffee – schon der Geruch löst bei vielen ein Gefühl von „zu Hause" aus. Viele würden ohne eine Tasse im Magen morgens nicht das Haus verlassen. In manchen Studien hat Kaffee aber auch den Ruf, krank zu machen, Nervosität, Schlafstörungen oder Ruhelosigkeit zu verursachen. Vieles hiervon ist aber nicht korrekt. Schauen wir genauer hin:

Wie viel Kaffee ist eigentlich in Ordnung? Kaffee und das darin enthaltene Koffein sind nur gefährlich, wenn regelmäßig zu viel getrunken wird. Hierüber sind sich die meisten deutschen Ernährungsinstitute einig.

Verteilt über den Tag sind bis zu 400 Milligramm Koffein unbedenklich. Ein Erwachsener kann also tatsächlich „vier bis fünf Espresso oder bis zu acht Tassen schwarzen Tee pro Tag trinken". Das sagt zumindest Gabriele Graf von der Verbraucherzentrale NRW.

Bedeutend vorsichtiger müssen allerdings Schwangere und stillende Frauen sein. „Koffein passiert ohne Hindernis die Plazenta. Somit gelangt es in der Schwangerschaft in den Kreislauf des Kindes", erwähnt Gabriele Graf. Die Leber des Kleinen kann Koffein aber nicht schnell genug abbauen. Schwangere und Frauen, die stillen, sollten daher Koffein nur eingeschränkt oder besser gar nicht zu sich nehmen.

Wie schnell wirkt Kaffee eigentlich? Fühlen Sie sich schon nach dem ersten Schluck wacher? Dann liegt das am Placebo-Effekt. Die Wirkung beginnt erst nach etwa 15 bis 30 Minuten, nachdem Sie den Kaffee getrunken haben. Dann erst hat sich das Koffein über das Blut im Körper verteilt.

Bis der Körper alles wieder entsorgt hat, dauert es einige Zeit. Bei normalen Erwachsenen ist die durchschnittliche Zeit, bis 50 % des Koffeins den Körper verlassen haben, etwa vier Stunden.

Es gibt keine übereinstimmenden Vorschriften, wann Sie den letzten Kaffee trinken sollten. Es gibt Menschen, die können nach Kaffee, Cola oder schwarzem Tee dennoch erholsam schlafen. Andere hingegen erleiden durch Kaffeekonsum Schlafprobleme. Welche Zeiten am Tag in Ordnung sind, muss jeder für sich herausfinden. Dennoch ist abendliches Koffein für erholsamen Schlaf definitiv nicht förderlich.

Welche Nebenwirkungen gibt es nun aber? Welche davon sind echt? Ihr Kreislauf wird durch Koffein stimuliert. Ihr Herz schlägt schneller, somit steigen der Puls und der Blutdruck. Das ist an sich nicht gefährlich. Gerüchten entgegen erhöht Kaffeekonsum übrigens nicht das Risiko, an Arteriosklerose zu leiden oder einem Herzinfarkt zum Opfer zu fallen.

Selbst mit Bluthochdruck können Sie Kaffee in Maßen genießen: Seien Sie bei Rhythmusstörungen jedoch vorsichtig und fragen Sie im Zweifelsfall lieber Ihren Arzt. Bei stark übertriebenem, langfristigem Kaffeekonsum riskiert man übrigens (durch Studien erwiesen) Hyperaktivität, Angsterscheinungen und Magen-Darm-Beschwerden. Wir reden aber hier von literweisem Konsum.

Außerdem kann das Aufhören des Trinkens Entzugserscheinungen herbeiführen. Der Körper gewöhnt sich an das Koffein, wenn er es regelmäßig erhält. Bleibt dieses aus, können Kopfschmerzen oder Konzentrationsschwierigkeiten auftreten.

Doch Kaffee hat auch positive Wirkungen auf die Gesundheit. Eine kennt jeder: Koffein bremst Adenosin, welches Müdigkeit auslöst. Das steigert Ihre Konzentration und kann ein Tagestief überbrücken.

Eine Tasse Kaffee kann auch bei Diabetes helfen, da sich das Koffein positiv auf den Insulinkreislauf auswirkt.

Es gibt auch Studien, nach denen Kaffeetrinker länger leben oder seltener an Darmkrebs leiden. Allerdings hat keine dieser Studien eindeutig beweisen können, ob hier wirklich der Kaffee die Ursache war.

Kaffee entzieht dem Körper übrigens keine Feuchtigkeit und darf zur Flüssigkeitsbilanz dazu gerechnet werden. Jeder sollte pro Tag mindestens zwei Liter trinken.

Ihre Lesezeit war:

0-1 Minuten		1-2 Minuten		2-3 Minuten		3-4 Minuten	
00:10	3846	01:10	549	02:10	296	03:10	202
00:20	1923	01:20	481	02:20	275	03:20	192
00:30	1282	01:30	427	02:30	256	03:30	183
00:40	962	01:40	385	02:40	240	03:40	175
00:50	769	01:50	350	02:50	226	03:50	167
01:00	641	02:00	321	03:00	214	04:00	160

4-5 Minuten		5-6 Minuten		6-7 Minuten		7-8 Minuten	
04:10	154	05:10	124	06:10	104	07:10	89
04:20	148	05:20	120	06:20	101	07:20	87
04:30	142	05:30	117	06:30	99	07:30	85
04:40	137	05:40	113	06:40	96	07:40	84
04:50	133	05:50	110	06:50	94	07:50	82
05:00	128	06:00	107	07:00	92	08:00	80

Ihre Lesegeschwindigkeit ist:

WPM (Wörter pro Minute)

Warten Sie nach dem Lesen eine Minute, bevor Sie umblättern.

Fragen zum zweiten Lesetext

1. Wie viel sollte man laut Text pro Tag insgesamt trinken?

   Liter

2. Wer sollte keinen Kaffee trinken?

   Diabetiker
   Herzinfarktgefährdete
   Menschen mit Herzrhythmusstörungen
   Schwangere
   Risikopatienten für Arteriosklerose

3. Wann setzt die Wirkung von Kaffee ein?

   Nach bis Minuten.

4. Was riskiert man mit zu hohem Kaffeekonsum?

   Darmkrebs
   Magen-Darm-Probleme
   Angsterscheinungen
   Bluthochdruck
   Reizbarkeit

5. Wie viel Koffein kann man, laut Text, ohne Weiteres zu sich nehmen?

   Bis zu acht Tassen grünen Tee
   Bis zu acht Tassen schwarzen Tee
   Vier bis fünf Tassen Kaffee
   Vier bis fünf Tassen Espresso
   Keine Antwort ist richtig

6. Was passiert mit Kindern im Mutterleib beim Kaffeekonsum?

   Die Geburt wird erschwert
   Das Koffein erreicht sie ungefiltert
   Ihre Lebern werden überlastet
   Sie werden hyperaktiv
   Keine Antwort ist richtig

Lösungen zu den Fragen

1. Zwei Liter Wasser sollte man laut Text am Tag trinken.

2. Menschen mit Herzrhythmusstörungen sollten vorher den Arzt hinzuziehen, Schwangere sollten möglichst wenig trinken.

3. Nach 15 bis 30 Minuten setzt die Wirkung von Kaffee ein.

4. Angsterscheinungen und Magen-Darm-Probleme können die Folge sein. Reizbarkeit ist vor allem beim Entzug zu bemerken, nicht bei Überdosis. (laut Text)

5. Vier bis fünf Tassen Espresso oder acht Tassen schwarzer Tee sind laut Text in Ordnung.

6. Koffein erreicht die Kinder ungefiltert und kann im schlimmsten Fall die Leber des Kindes überlasten.

Verständnis	
6	100,00%
5	83,33%
4	66,67%
3	50,00%
2	33,33%
1	16,67%

Fragen richtig beantwortet.

Ihr Textverständnis ist %

Verbessern Sie Ihre Konzentration

Sie haben es bestimmt schon erlebt, dass Sie beim Lesen eines Textes mit den Gedanken plötzlich ganz woanders waren.

Da liest man eben noch den Bericht eines Kollegen über den aktuellen Stand der Abteilung und plötzlich schweifen die Gedanken zum nächsten Einkauf oder zur Wochenendplanung. Während dieser Gedanken lesen Sie zwar weiter, vom Text bekommen Sie aber wenig bis nichts mit.

Warum tut unser Gehirn so etwas? Weil es unterfordert ist. Unsere Augen und unser Gehirn sind fähig, über 10.000 Wörter in einer Minute zu verarbeiten. Wenn wir dieses System also nur mit 100–200 Wörtern in einer Minute füttern, fängt dieses an sich zu langweilen und weitere Beschäftigung zu suchen.

Das eigentliche Lesen wird für unseren Geist nebensächlich und wir müssen immer wieder Energie aufwenden, um uns zu konzentrieren. Bei einer niedrigen Lesegeschwindigkeit sind Sie leicht abzulenken, die Augen schweifen ab und suchen neuen Input und die Konzentration verschwindet nach und nach.

Wenn Sie also schnell lesen wollen, müssen Sie konzentriert sein. Das klingt logisch.

Doch auch andersherum stimmt dieser Satz: Wer sich konzentrieren will, muss schnell lesen.

Es mag unlogisch klingen, dass unser Gehirn beim schnellen Lesen mehr behält, aber Sie werden feststellen:

Je schneller Sie lesen, desto besser werden Sie die Informationen im Text verstehen und behalten. Lesen Sie auch dann weiter, wenn Sie glauben, dass Sie nicht alles mitbekommen haben. Dieses Gefühl kommt daher, dass unser bewusster Verstand umgangen wird und die Informationen direkt im Unterbewusstsein verarbeitet werden. So ungewohnt das Ganze bei den ersten Übungen wirken mag, Sie werden feststellen, dass es eine komplett neue Art des Lesens ist.

KONZENTRATIONSÜBUNGEN

Dass **schnelles Lesen für** dein **Gehirn angenehmer** ist, wissen Sie nun. Doch bevor wir am nächsten Text üben, bitte ich Sie erst einmal, einige Übungen zu machen. Gymnastik für den Fokus. Diese Übungen **helfen** Ihnen, Ihre **Konzentrationsfähigkeit zu steigern.**

Übung 1: Buchstabensalat

In diesem **Buchstabengewirr** sind die **Namen von** fünf **Gegenständen** versteckt die man oft im **Büro** findet. Finden Sie alle **innerhalb einer Minute?**

CNJFRZRTOLFNTGOPRKJCOMPUTERFJELFOGREOLFKJEPOFEWI-
EIPAFDEÜPFSKFEUWÜFPAHFZDEODOFJFDSDFHSDFDSFHZEIEFHE-
FISHJFKWETQQVYXMSLOFDEYFEKLDFCHEWKVPEUTTZWENCS-
JGFPOFHDJRLVUQTEWEIFBXCVYKFWQRDREHSTUHLIQTRMCLEFJEJ-
QYWVXTFUZPFOLDHVKDJFGUBWZCBFGDFSDFKHGÖFPEUJCVHEI-
UZRTFGHCNAMDLWLPFKTISCHUQRZNQWTERTOÖLIAJFKADSJPIO-
QORZDGDFAHCNJAOIJFHAQOULOJFCVPIOAZHFZOUIPGFZUPFFER-
FAJFPKHFASUNTOMORTASDGDERBENAKFOEFABLAGEFEZWIUL-
FOQPRTZASDUIOFANOCIQWMSTIFTKUIOVQZPOAFANTNOWUEWKLD-
JEGAZHQTEUCVYBCMVBPWIFHAHJKQZHEGCNWEIKDFKWJCI

Haben sie die Wörter Computer, Drehstuhl, Tisch, Ablage und Stift entdecken können? Wenn nicht ist das auch kein Problem, je öfter Sie Übungen dieser Art durchführen, desto einfacher werden diese Ihnen fallen.

Übung 2: Zahlendschungel

Zu einfach? Gern, dann geben wir ein wenig mehr Schwung rein. Sieht schwer aus, ist aber absolut machbar.

Die **Zahlenkombination 58137** findet sich **sechs Mal in** der folgenden **Zahlenansammlung**. Finden Sie alle sechs?

9781294872581377205495694296529462196462617838123971879812354
64658721439427925842178132154185193413984127931645795882982197
92787529545945958137976565567675627406785624158137478697805
947836350215458137892349187441293742314981666747378360599489
6145682431213654435178782344386274134892438962344764213458137
3197324198912431349758214324756479529729581379723924229287428
9214892191981367

Übung 3: Zahlenreihen

Regelmäßiges Üben mit Zahlen erhöht Ihre Konzentrationsfähigkeit. Durch Training dieser Art können Sie Ihre Lesegeschwindigkeit weiter steigern.

Finden Sie den **Unterschied zwischen den beiden Zahlenpaaren** und markieren Sie diesen.

1324945	0228735	9062774	5382399
1324545	0928735	9062734	5382394
0218934	7527938	8782915	3237848
0918934	7527738	8789915	3237878
9217835	3895830	2369091	6190345
9217834	3895030	2368091	6090345
8920124	8967342	6234865	3578193
8920134	8960342	6834865	3578123
8129188	2677920	1897828	9784328
8129183	2697920	1897928	9781328
7213612	8731683	4952791	5923641
7213672	8631683	4652791	5928641
1423145	4203479	8677287	6517283
8423145	4203478	8617287	6217283

Der weiche Blick

Wenn Sie schon einmal jemandem beim Lesen auf die Augen gesehen haben, werden Sie feststellen, dass sich die Augen nicht flüssig bewegen, sondern viele einzelne Sprünge über das Papier machen. Das liegt daran, dass unsere Augen ein wenig wie eine Kamera funktionieren. Bewegen wir beim Fotografieren ruckartig die Kamera, verschwimmt das Bild.

So ähnlich funktioniert es auch bei uns. Deswegen machen wir beim Lesen immer wieder zwischendurch für Sekundenbruchteile halt.

Die Dauer dieser Fixierung ist immer gleich (ca. 0,3 Sekunden) und kann nicht verändert werden.

Dies wird Ihnen der folgende Test beweisen:

Strecken Sie Ihre Arme aus und heben Sie beide Daumen nach oben. Halten Sie ca. 50 cm Abstand zischen Ihren Daumen.

Versuchen Sie nun, ohne Ihren Kopf zu bewegen, den Blick von einem Daumen zum anderen schwenken zu lassen. Können Sie hierbei die Geschwindigkeit beeinflussen? Versuchen Sie es einmal schnell und einmal langsam.

Sie haben keine Chance dieses Tempo zu verändern. Wenn Sie es scheinbar geschafft haben, den Blick langsamer werden zu lassen, dann ist Ihnen das nur gelungen, weil Sie sich immer wieder zwischendurch auf andere Punkte konzentriert haben.

Das beweist, dass die Fixiergeschwindigkeit konstant ist. Verändern können wir sie nicht. Dafür aber die Zahl der Fixierungen. Auf diese Weise lässt sich Ihre Lesegeschwindigkeit um das Zwei- bis Fünffache steigern.

Doch das Beste daran ist: Die Belastung an Geist und Konzentration nimmt nicht zu. Sie nimmt sogar ab.

Unser Gehirn kann nämlich zwischen drei und sieben Informationen aufnehmen. Ob die Information nur aus jeweils einem Wort besteht oder aus
mehreren, ist hierbei unwichtig.

Unser

Gehirn

nimmt

Informationen

auf

Das waren fünf einzelne „Informationspakete".

Unser Gehirn nimmt

Informationen über

die verschiedensten

Themen aus

unterschiedlichen Bereichen auf.

Auch dies sind fünf zu bearbeitende „Pakete".

Sie haben aber mit dem gleichen geistigen Aufwand mehr aufgenommen, als im ersten Beispiel. Sie sehen, das Gehirn kann mehrere Wörter
auf einmal aufnehmen, wenn Ihnen nicht gerade das Wort „Rindfleischeti-
kettierungsüberwachungs-aufgabenübertragungsgesetz" vor die Augen
kommt.

Ohne Training beträgt die übliche Spanne Ihres Blickes beim Lesen ca. ein
Grad. Das ist ein mittelmäßig langes Wort. Durch ein einfaches Augentrai-
ning können Sie Ihre Spanne aber auf sieben Wörter und mehr erweitern.

Decken Sie die Wortpaare nun mit der Hand oder einem Blatt Papier ab.
Schaue Sie sich ein Wortpaar nur ganz kurz an und verdecken Sie es da-

nach sofort wieder. Obwohl Sie die Wörter nur einen Moment lang sehen, werden Sie beide Wörter aufnehmen, wenn Sie Ihren Fokus nicht auf die Wörter legen. Denn hier wären zwei Fixierungen nötig.

Schauen Sie lieber auf den Strich zwischen den Wörtern. So erkennen Sie mit einer Fixierung beide Worte.

Übung 4: Der weiche Blick

Flüstern Sie die beiden Wörter, kurz bevor Sie prüfen ob Sie die Wörter richtig erfasst haben. Kein Witz, dein Gehirn schummelt sonst.

Ort – Kur
Bär – mit
der – wer
Fee – gab
vor – Wut
dem – Eis
Job – Lob
Amt – Bad
Oma – Rad
Heu – Aal
Eid – gab

Beginnen Sie mit dieser Übung erst, wenn Sie die Wörter mit drei Buchstaben ohne Probleme erkannt haben.

Wald – Dame
Bahn – Dach
Bank – edel
Cent – Balg
eben – Vase
Glas – wagt
Wand – übel
Vati – Wahl
Idol – Tanz

Paar – Affe

Rohr – Ofen

Sobald Ihnen die Wörter mit vier Buchstaben keine Probleme mehr machen, können Sie den Schwierigkeitsgrad steigern.

Japan – Lachs

Kairo – Ebene

Jakob – backt

Radau – Saale

U-Boot – Oasen

Laden – Macho

Gabel – mager

Faden – Campus

Tabak – Asiat

Sahne – Yacht

Jäger – Pizza

Mit etwas Übung wird die Blickspanne Ihrer Augen beim Lesen breiter werden. Auch die folgenden Wörter sollten Ihnen ermöglichen, diese noch weiter auszubauen.

Aachen – Dächer

Südost – Tücher

klappt – muffig

Koalas – Essenz

süffig – Ameise

Themen – zuerst

Kümmel – dachte

Mädels – Sichel

Sabine – Ticket

kochen – essbar

Airbag – Drache

tobend – extrem

Immer noch dabei? Wenn sich ein leichtes Belastungsgefühl im Auge bemerkbar macht: Das ist gerade die Erweiterung des Lesefokus.

Ehrgeiz – Blamage
geballt – Saatgut
Agenten – Förster
Töchter – Ohrwurm
gurgeln – umbauen
umarmen – dümpelt
Omnibus – Rückweg
büffeln – ehemals
Rüdiger – Tabelle
Diashow – Amerika
fühlend – Skelett

Wenn Sie die Übung auf der vorherigen Seite geschafft haben, ist Ihr Fokus schon weit über dem Durchschnitt.

Bobsport – Fachbuch
Umarmung – Pyramide
knackige – tiefgrün
erachtet – Alarmruf
immenser – Lüftchen
spaltete – Biathlon
zubinden – charmant
inaktive – Umbauten
Teeküche – tragbare
Fabriken – Egoismus
Analysen – sichtbar

Die letzte und schwerste Stufe steht an. Wenn Sie diese auch noch schaffen, ist das der erste Schritt zum massiven Leseturbo.

Fabrikant – böswillig
dämlicher – Akrobat
Sichtfeld – lächelten
fabelhaft – Italiener
obdachlos – Zähigkeit
Nichtstun – Szenarien

Wühlmäuse – Videoclip
Rheinland – unbekannt
Elbtunnel – Nebelwand
lybischer – Skarabäus
Idealbild – reagierte

Am besten teilen Sie sich das Blatt im Geist in drei oder vier Bereiche ein. Sie springen dann in jeder Zeile durch die einzelnen Bereiche und nicht durch die einzelnen Wörter. Natürlich passiert diese Einteilung nicht exakt präzise. Wenn Sie sich einmal an das System gewöhnt haben, wird die Einteilung wie von allein erfolgen.

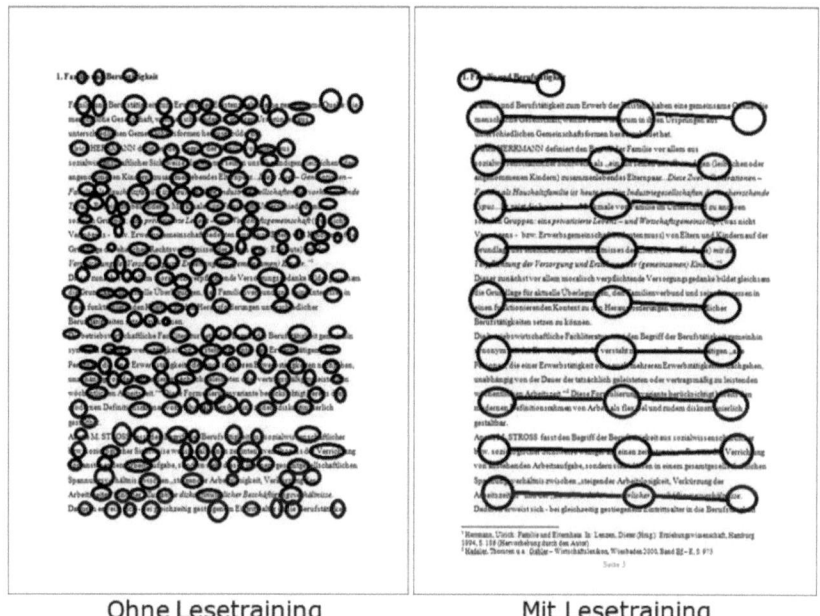

Ohne Lesetraining   Mit Lesetraining

Auf den Bildern sehen Sie die einzelnen Blickfixierungen der Augen bei verschiedenen Lesern.

Als kleine Hilfe kann es daher klug sein, sich vorzustellen, dass das Blatt durch zwei senkrechte Linien dreigeteilt ist. So springen Sie immer zwischen den einzelnen Bereichen umher und lesen so in Wortgruppen.

Dann lassen Sie uns mit gesteigerter Konzentration und einem breiteren Blickfokus mal schauen, ob Sie Ihre Lesegeschwindigkeit noch einmal steigern können. Auf der nächsten Seite beginnt wieder ein Lesetext.

Dritte Ermittlung Ihrer Lesegeschwindigkeit

Das Unternehmen Sega ist in der heutigen Welt der Videospiele nicht mehr so bedeutend wie damals. Dennoch ist das Unternehmen ein Urgestein in der Branche und hat auch heute noch den Ruf, hochwertige Unterhaltung zu liefern.

Sega ist ein Unternehmen mit einer langen Geschichte. Schon im Jahr 1940 wurde das Unternehmen in den USA gegründet und hieß damals noch Standard Games. Die Gründer waren die Amerikaner James Humpert, Martin Bromley und Irving Bromberg. Viele glauben, Sega wäre in Japan gegründet worden. Das hat auch einen Grund.

Denn Standard Games verlagerte sich 1951 in den fernen Osten und nannte sich ab dann Service Games for Japan. Aus Service Games wurde dann eine Kurzform: Sega.

Am Anfang wurden Münzautomaten für die US-Soldaten importiert, die in Japan nach dem zweiten Weltkrieg stationiert waren. Später produzierte das Unternehmen dann selbst. Der erste Spielautomat von Sega hieß „Periscope" und wurde 1968 zu einem weltweiten Verkaufsschlager.

1976 entwickelte Sega das erste kommerzielle, japanische Videospiel. Es hieß „Heavyweight Champ". In den 1980er Jahren konnte man erstmals über 200.000.000 $ umsetzen. Man kann also sagen, dass das Geschäft gut lief. Mit „SubRoc 3D" wurde auch das erste 3-D-Spiel der Geschichte programmiert. Im Jahr 1983 kam Sega dann in japanische Wohnzimmer mit der ersten eigenen Heimkonsole, dem SG-1000.

Doch dann lief es plötzlich gar nicht mehr gut. Die komplette Videospielindustrie in den USA erlitt einen Zusammenbruch. 1983 bis 1985 gingen unzählige Unternehmen aus der Branche Bankrott und die damaligen Champions brachen zusammen. Das wirkte auch auf Sega. Die US-Abteilung des Unternehmens wurde verkauft und nur noch ein Standort in Japan betrieben. Erst Jahre später wurde Sega of America wieder dazu geholt.

Doch Sega konnte sich erholen. Nach dem SG-1000 II (Mark II) und dem Mark III wurde das Master System veröffentlicht. Das war auch die erste Sega-Konsole, die weltweit vermarktet wurde. Ein Fundament für jahrelangen Erfolg legte aber 1988 die Mega Drive Konsole. Gegen den Erzfeind am Markt, Nintendo, verlor Sega zwar an Marktanteilen, hatte aber dennoch ein weltweit funktionierendes Geschäft. In den 1990er Jahren brachte Sony aber die Playstation heraus. Sega hatte gegen diesen Gegner mit der Saturn und später mit der Dreamcast keine Chance mehr.

2001 wurde das Konsolengeschäft aufgegeben. Es wurden lieber Automaten für Spielcasinos und programmierte Videospiele gebaut und Kooperationen mit den alten Konkurrenten geschlossen, die Sega ein breit aufgestelltes Geschäft ermöglichen.

Warten Sie nach dem Lesen eine Minute, bevor Sie umblättern.

Ihre Lesezeit war: _____

0-1 Minuten		1-2 Minuten		2-3 Minuten		3-4 Minuten	
00:10	3210	01:10	459	02:10	247	03:10	169
00:20	1605	01:20	401	02:20	229	03:20	161
00:30	1070	01:30	357	02:30	214	03:30	153
00:40	803	01:40	321	02:40	201	03:40	146
00:50	642	01:50	292	02:50	189	03:50	140
01:00	535	02:00	268	03:00	178	04:00	134
4-5 Minuten		**5-6 Minuten**		**6-7 Minuten**		**7-8 Minuten**	
04:10	128	05:10	104	06:10	87	07:10	75
04:20	123	05:20	100	06:20	84	07:20	73
04:30	119	05:30	97	06:30	82	07:30	71
04:40	115	05:40	94	06:40	80	07:40	70
04:50	111	05:50	92	06:50	78	07:50	68
05:00	107	06:00	89	07:00	76	08:00	67

Ihre Lesegeschwindigkeit ist:

_____ WPM (Wörter pro Minute)

Fragen zum dritten Lesetext

1. Was war der Grund, warum Sega von Japan nach Amerika gewandert ist?

Das ist nicht passiert
Münzautomaten für Soldaten
Mehr Nachfrage
Günstigere Steuern
Dort gab es mehr Spielhallen

2. Was war der ursprüngliche Name von Sega?

Bromberg Games
Standard Games
Sonic Games
Service Games for Japan
Periscope

3. Die erste Konsole für das Wohnzimmer von Sega war ...

SG-1000
Master System
Dreamcast
Wii

4. Warum hat sich Sega aus dem Heimkonsolenmarkt zurückgezogen?

Die Dreamcast wurde an Nintendo verkauft.
Das Spielhallengeschäft war interessanter.
Die Playstation verkaufte sich zu gut.
Mario war schneller als Sonic.

5. Welches war die erstmals weltweit vermarktete Konsole von Sega?

SG-1000 II
Saturn
Mega Drive
Nintendo DS

Lösungen zu den Fragen

1. Sega ist nicht von Japan nach Amerika gewandert, da Sega ein amerikanisches Unternehmen ist.

2. Standard Games ist der ursprüngliche Name von Sega.

3. Das SG-1000 war die erste Heimkonsole von Sega.

4. Der Hauptfeind von Sega war am Ende tatsächlich Sony mit der Playstation.

5. Das Sega Mega Drive war die erste Konsole, die Sega global vertrieben hat.

Verständnis	
5	100,00%
4	80,00%
3	60,00%
2	40,00%
1	20,00%

_____ Fragen richtig beantwortet.

Ihr Textverständnis ist _____ %

Lassen Sie uns chunken

Das Lesen in Wortgruppen stellt allerdings nur die Grundlage für eine Lesetechnik dar, welche Ihre Lesegeschwindigkeit auf ein bisher unbekanntes Niveau hebt. Einer der bekanntesten Autoren über das Thema „Schnelles Lesen", Wolfgang Schmitz, gab dieser Technik den Namen „chunken". Chunk kommt aus dem Englischen und heißt frei übersetzt Batzen oder Brocken.

Beim chunken geht es nicht nur darum, Wortgruppen zu bilden. Unser Ziel ist es, aus Wortgruppen Sinngruppen zu machen.

Im Normalfall lesen wir einen Text, weil wir ihm eine bestimmte Information entlocken wollen. Und genau das bewusste Suchen nach dieser, erleichtert das Lesen in Sinngruppen stark.

Denn wenn wir uns im Hintergrund bewusst sind, was wir aus einem Text herausnehmen wollen, werden unsere Augen zu einer Art Radarsystem. Mit großer Präzision wird der Text dann in sinnvolle Wortgruppen eingeteilt. Und zwar komplett automatisch.

Wenn wir beispielsweise wissen, dass es im folgenden Text um effizienteres Arbeiten geht, erkennen wir schneller die wichtigen Gruppen und gruppieren auch unterbewusst nach Sinn. Diese Gruppierungen sollen der folgende Text und die Markierungen verdeutlichen.

Eine Befragung der Probanden ergab zudem, dass sich drei von vier Mitarbeitern mit variablen Tischen nach sechs Monaten körperlich wohler fühlten, wenn sie regelmäßig im Stehen gearbeitet haben. Waren sie also vielleicht deshalb produktiver?

Auf diese Weise springen wir, in Kombination mit den anderen Techniken, durch den Text. Gezielt auf der Jagd nach Informationen picken wir uns genau das heraus, was wir brauchen.

Das funktioniert allerdings nur, wenn Sie sich vorher bewusst machen, warum Sie einen Text eigentlich lesen. Welche Information wollen Sie daraus erhalten?

Schließlich kann eine Suche nur erfolgreich sein, wenn bekannt ist, wonach eigentlich gesucht wird.

PERIPHERES SEHEN

Wenn Sie den Text lesen, nehmen Sie aber nicht nur die Sinngruppen wahr. Die Wörter um die Sinngruppen herum werden auch gescannt, wenn auch unterbewusst.

Versuchen Sie einmal **nur** die **fett gedruckten Wörter** im Text zu **lesen**. Sie werden sehen, dass Sie **dennoch auch** die anderen **Wörter am Rand** Ihres Sichtfeldes **wahrnehmen**, vor allem nach der Blickfeldübung.

Um Ihnen das periphere Sehen zu verdeutlichen, machen wir einen kleinen Versuch.

Strecken Sie Ihre **Arme** aus, sodass Ihre **Hände gerade** noch **sichtbar** sind.

Dieser verschwommene **Randbereich ist** das **periphere Sehen**. Die **Auto- und Radfahrer wenden** das Wissen um diesen Bereich (hoffentlich) schon **unterbewusst** an.

Zwar sehen Sie diesen **Bereich nicht bewusst, dennoch** werden auch **Informationen** in diesem Bereich **verarbeitet**.

Sie haben bereits erfahren, dass unser Unterbewusstsein massiv schneller arbeitet als unser Bewusstsein. Genau dieser Umstand kommt uns hier zugute. Warum sollten Sie sich auch auf immer wieder auftretende Füllwörter konzentrieren?

Folgende 30 Wörter machen 31,8 % aller deutschen Texte aus:

die, der, und, in, zu, den, das, nicht, von, sie,
ist, des, sich, mit, dem, dass, er, es, ein, ich,
auf, so, eine, auch, als, an, nach, wie, im, für

Diese Wörter haben Sie schon derart oft gelesen, dass es vollkommen ausreicht, diese „in den Augenwinkeln" wahrzunehmen. Außerdem müssen Sie gar nicht alle Buchstaben erfassen, um den Sinn eines Textes zu entschlüsseln.

Schnelles Les
ist nützl
denn es spa
eine ganze Men
Zeit.
Oder war dieser Text nun nicht zu verstehen?

TIPPS ZUM CHUNKEN

Auch beim Chunken sollten Sie nicht zu viel nachdenken. Je länger Sie mit dieser Technik arbeiten, desto intuitiver fallen Ihnen Sinngruppen auf. Dennoch gibt es einige Hinweise, die Ihnen das Chunken erleichtern werden.

Substantive stehen meistens am Ende einer Sinngruppe, daher ist es ratsam, Fixierungen leicht links von diesen anzusetzen.

Ähnlich verhält es sich mit Verben. Zwar reicht es nicht aus, den Fokus nur auf diese beiden Wortgruppen zu setzen, doch ist dies für Einsteiger ein guter Weg mit dem Chunken zu beginnen.

Wortgruppen, die häufig zusammenstehen, können beinahe schon überlesen werden. Grußformeln, wie „Guten Tag" oder „Mit freundlichen Grüßen", werden automatisch erkannt.

Satzzeichen teilen den Text ein und servieren dir in vielen Texten die Sinngruppen schon fast auf dem silbernen Tablett. Meistens ist genau dort, wo

Sie einen Punkt oder ein Komma finden, eine Sinngruppe zu Ende. Wurde der Text von einem guten Autor geschrieben, können Sie von Satzzeichen zu Satzzeichen fliegen und Sie nehmen jedes Mal eine Sinngruppe wahr.

SQ3R – Jetzt kommt alles zusammen

Im Jahr 1946 veröffentlichte Francis P. Robinson in seinem Buch „Effective Study" erstmalig die SQ3R-Methode. Mit ihr erhöhen Sie nicht nur Ihre Lesegeschwindigkeit, sondern auch Ihr Textverständnis.

Zuerst erscheint das Ganze unlogisch. Jeder denkt sich, wenn er ein Buch oder einen Text vor sich liegen hat, legt er am besten schnell mit dem Lesen los, entlockt dem Buch seine Informationen und fertig.

Doch schon Abraham Lincoln soll gesagt haben:

> *„Wenn ich acht Stunden Zeit hätte, einen Baum zu fällen,*
> *würde ich sechs Stunden lang die Axt schärfen"*

Also schauen Sie sich direkt an, wie Sie Ihre geistige Axt schärfen und so jeden Text klein hacken.

Schritt 1: Survey – Überblick gewinnen

Sie sollten tatsächlich nicht direkt beginnen zu lesen. Der erste Schritt ist es, am besten das Inhaltsverzeichnis zu prüfen und auch einen Blick ins Stichwortverzeichnis zu werfen. Je genauer Sie Ihr Gehirn auf den Text einstellen, desto höher fallen am Ende Lesegeschwindigkeit und Verständnisgrad aus.

Schritt 2: Question – Fragen an den Text stellen

Irgendeinen Grund muss es haben, dass Sie diesen Text lesen. Nachdem Sie nun wissen, was im Text behandelt wird, sollten Sie überlegen, was Sie konkret an Informationen aus dem Text herausziehen wollen. Bei Büchern kann es z. B. ratsam sein, einfach in Zehnerschritten wahllos Seiten aufzuschlagen und den Blick darüber schweifen zu lassen. Wenn Sie auf diese

Weise das ganze Werk durchgehen, stellt sich Ihr Gehirn schon einmal auf die Struktur ein und bereitet sozusagen den Speicherplatz für das, was bald kommen wird, vor.

Schritt 3: Read – Text lesen

Textmarker und Bleistift werden bereitgelegt, nun geht es los. Ein Motto von uns ist: „Je geschundener ein Buch nach dem Lesen aussieht, desto mehr Nutzen hat es für uns."

Wenn ich durch mein Bücherregal schaue, erkenne ich die besten Bücher daran, dass sie abgegriffen sind, Eselsohren haben, der Einband nicht mehr im allerbesten Zustand ist und eine große Zahl an bunten Post-its an der Seite herausbaumelt. Also lassen Sie sich beim Lesen ruhig am Text aus – je verspielter desto besser.

Schritt 4: Review – Wichtiges herausschreiben und eigene Gedanken dazu entwickeln

Wenn Sie zusätzlich noch jedes Kapitel in ca. fünf kurzen Stichpunkten zusammenfassen, haben Sie nach dem Lesen des Buches eine wertvolle Gedächtnisstütze. Eine, die Sie selbst geschrieben haben und die im besten Fall so formuliert ist, dass Sie sie immer wieder nehmen können, um in kürzester Zeit wieder in den Inhalt eintauchen zu können, ohne gleich das ganze Buch zu lesen.

Bei Sätzen, die Sie nicht verstehen, können Sie im Netz recherchieren und im Anschluss die Information umformuliert daneben schreiben. Wer sich das zur Gewohnheit macht, trainiert unterbewusst seine Fähigkeit, komplexe Inhalte in einfache Worte zu fassen. Ein viel zu seltenes Talent in der heutigen Zeit.

Wenn Sie dann noch Ihr Gehirn entlasten möchten, können Sie Ihr Wissen auch in einer Mind-Map auf die gehirngerechteste mögliche Art und Weise sammeln. Es gibt keinen schnelleren Weg, später auf dieses Wissen zuzugreifen, da die Mind-Map wie das menschliche Gehirn aufgebaut ist. Somit ist sie nicht nur intuitiv erstellt, sondern auch schnell ausgelesen.

Schritt 5: Recite – Wiederholen

Wenn Sie die Stichpunktliste geführt haben, haben Sie mit der Wiederholung auch keine großen Probleme mehr. Entweder Sie tragen sich den Inhalt dieser Liste selbst vor oder erfreuen Ihr Umfeld (freiwillig oder durch pädagogische Zwangsbeglückung) mit dem neuen Wissen.

Aber egal wie, auf jeden Fall sollten Sie neu erworbenes Wissen so schnell wie möglich wiederholen. Ansonsten landen mit dem nächsten Schlafengehen 90 % des Gelesenen im mentalen Spam-Filter.

Lassen Sie uns mit einem Italiener chunken

Seinen Ursprung hat das Pareto-Prinzip bei dem italienischen Soziologen und Ökonomen Vilfredo Pareto. Er untersuchte um 1906 die Verteilung des Volksvermögens in Italien und fand dabei heraus, dass rund vier Fünftel des Vermögens, also 80 %, bei rund einem Fünftel (20 %) der italienischen Familien konzentriert war.

Das Pareto-Prinzip wurde danach zum Schlagwort und Symbol für Ungleichverteilung oder Unbalance von Mitteleinsatz und Ertrag und seitdem auf viele Bereiche übertragen:

20 % der Mitarbeiter sind für 80 % des Umsatzes verantwortlich.

Bei richtiger Prioritätensetzung lassen sich bereits mit nur 20 % aller Bemühungen häufig schon 80 % der Arbeit erledigen.

Oft passiert es, dass wir uns an den falschen, den weniger wichtigen Aufgaben aufreiben, uns in unnötigen Details verlieren und keinen Schritt näher an das eigentliche Ziel kommen.

Es gibt kaum einen Bereich auf den sich das Pareto-Prinzip nicht anwenden lässt. Versuchen Sie es mal im privaten Bereich. 20 % unserer Kleidung tragen wir beispielsweise in 80 % der Zeit.

Auch beim Lesen greift dieses Prinzip. 80 % der Informationen werden von 20 % der Wörter übermittelt. Das Chunken greift auf dieses Prinzip zurück.

Lassen Sie uns also nun durch den nächsten und letzten Text „rauschen". Versuchen Sie sinngruppenfixiert zu lesen. Dieses Mal wissen Sie außerdem, worum es gehen wird und welche Informationen Sie aus dem Text brauchen.

Der nächste Text handelt von Zeitmanagement. Finden Sie mehr über Techniken der Zeiteinteilung heraus und erfahren Sie Neues über Prioritätensetzung. Darüber werden dann auch die Fragen kreisen.

Nutzen Sie so viel wie möglich von dem Gelernten und entlocken Sie dem Text seine Informationen im Eiltempo.

Finale Ermittlung Ihrer Lesegeschwindigkeit

Es ist nicht möglich, mehr Zeit zu haben. Jeder Mensch hat am Tag 24 Stunden. Es ist nur möglich, die richtigen Dinge zur richtigen Zeit zu tun. Es bedeutet aber auch, die unwichtigen Dinge nicht zu tun, denn das schaufelt wirklich Zeit frei. Zu viele unwichtige Aufgaben bremsen die Leistung, den Wachstumswillen und sorgen für mehr Stress.

Zeitmanagement hat daher das Ziel, die Zeit besser zu nutzen, Unwichtiges zu verbannen und die eigenen Ziele mit mehr Fokus zu erreichen. Denn nur wer weiß, was er will, kann auf dem Weg dorthin auch sinnvoll das Tempo erhöhen. Richtung geht vor Geschwindigkeit.

Viele Techniken wurden von dem Experten Lothar Seiwert gesammelt und weiterentwickelt. Alle diese Techniken haben ein gemeinsames Fundament. Eine erste Bestandsaufnahme klärt, wo besonders viel Zeit verloren geht und wo Einsparpotenzial besteht. Eine „Ziel-Mittel-Analyse" hilft zusätzlich, die eigenen Ziele bewusst und motivierend zu setzen. Was will ich, was brauche ich dafür und welche Ressourcen habe ich dafür schon? Ein Bewusstsein für die eigenen Stärken und Schwächen rundet die Bestandsaufnahme ab, denn so fließt keine Energie in die Bereiche, die Sie unnötig Kraft kosten. Auch im eigenen Charakter verbergen sich Zeitdiebe, wie beispielsweise in der mangelnden Bereitschaft, Aufgaben an andere weiterzugeben oder in übertriebenem Perfektionismus.

Salami-Taktik

Sie haben Ihre Ziele herausgefunden und klar definiert? Dann zerlegen Sie diese im Anschluss in kleine handliche Unterziele. Dadurch ist es leichter, sich selbst zu motivieren, da Sie mehrere kleine Erfolgserlebnisse über den Tag verteilt haben. Sie vermeiden es außerdem, sich in Einzeltätigkeiten zu verzetteln, was ein großes Risiko für verschwendete Zeit beinhaltet.

A-L-P-E-N-Methode

Am frühen Morgen kann bei der Tagesplanung zum Beispiel die „A-L-P-E-N-Methode" verwendet werden. Nachdem eine To-do-Liste für den Tag aufgestellt wurde, ist Schritt „Aufschreiben" erledigt (A). Dahinter kommt die erwartete Länge der Aufgaben (L), die Pufferzeiten für Unerwartetes (P), eine Entscheidung, was in welcher Reihenfolge passiert (E), und am Ende des Tages die Nachkontrolle, ob alles gut geklappt hat (N).

Bei der Planung des Puffers sollten 40 % des Tages für Unerwartetes kalkuliert werden, auch wenn das je nach Branche abweichen kann. Ein Fehler, den hier übrigens viele machen, ist, keine Pausen einzuplanen.

Wichtig ist es dabei, diese Technik nicht nur im Kopf anzuwenden, sondern alles schriftlich zu fixieren. Das Ganze muss aber nicht auf dem Papier passieren. Zumindest nicht zwingend. Es gibt unzählige Online-Kalender, Apps oder auch Notizfunktionen in gängigen Programmen, wie z. B. Outlook. Auch Google rüstet mit seiner kostenlosen Kombination aus Webmail, Kalender, Notizenliste und To-do-Listen kräftig auf. Egal, wie Sie Ihre Aufgaben aufschreiben, wichtig ist, dass Sie einen schnellen Zugriff auf die Liste haben oder – besser noch – diese immer im passiven Sichtfeld haben. Denn so verarbeitet Ihr Gehirn unterbewusst den optimalen Tagesablauf und wie von Zauberhand kommen Ihnen dann zwischendurch gute Ideen zu den einzelnen Aufgaben.

Eisenhower-Prinzip

Dieses Prinzip wird auch „A-B-C-D-Analyse" genannt und hat den Zweck, Aufgaben nach Wichtigkeit und Dringlichkeit zu sortieren.

A-Aufgaben sind diejenigen, die am meisten zur Erreichung Ihrer Ziele beitragen. Sie sind dringend und auch wichtig, daher sind diese direkt zu erledigen.

B-Aufgaben sind wichtig, aber nicht dringend, das heißt sie haben kein Zeitlimit. Wichtig ist es hier, diese Aufgaben nicht ewig zu verschieben, sondern dennoch zeitnah zu terminieren.

C-Aufgaben sind für Ihre Ziele nicht wichtig, aber dringend, haben aber dennoch ein Zeitlimit. Wenn es keinen Ärger bei Nicht-Erfüllung gibt, können Sie diese ignorieren oder delegieren.

D-Aufgaben tragen nichts zu Ihren Zielen bei und haben auch kein Zeitlimit und deshalb nichts auf Ihrer Liste verloren.

Gerade bei A- und bei B-Aufgaben ist es empfehlenswert, einen Termin mit „Ihnen selbst" zu planen. Eine stille Stunde ohne Telefon und ohne Mails. Ganz ohne Unterbrechungen. Denn jede Ablenkung schwächt Ihren Fokus und Ihre Produktivität. Das ist auch unter dem Namen „Sägeblatt-Effekt" bekannt, weil die Leistungskurve wie bei einer Säge auf und ab geht. Vermeiden Sie dies unbedingt, sonst verschwenden Sie nicht nur Zeit, sondern auch eine Menge Energie.

Am Ende des Tages

Eine Selbstreflexion am Ende des Tages hilft nicht nur beim Zeitsparen, sondern auch dabei, dass Sie Ihre Ziele im Blick behalten und ein positives Selbstwertgefühl aufbauen und stärken können. Nehmen Sie sich also am Ende jedes Tages fünf bis zehn Minuten und prüfen Sie, mit welcher Technik und mit welcher Arbeitsweise Sie sich am besten fühlen.

Warten Sie nach dem Lesen eine Minute, bevor Sie umblättern.

Ihre Lesezeit war: _____

0-1 Minuten		1-2 Minuten		2-3 Minuten		3-4 Minuten	
00:10	4398	01:10	628	02:10	338	03:10	231
00:20	2199	01:20	550	02:20	314	03:20	220
00:30	1466	01:30	489	02:30	293	03:30	209
00:40	1100	01:40	440	02:40	275	03:40	200
00:50	880	01:50	400	02:50	259	03:50	191
01:00	733	02:00	367	03:00	244	04:00	183

4-5 Minuten		5-6 Minuten		6-7 Minuten		7-8 Minuten	
04:10	176	05:10	142	06:10	119	07:10	102
04:20	169	05:20	137	06:20	116	07:20	100
04:30	163	05:30	133	06:30	113	07:30	98
04:40	157	05:40	129	06:40	110	07:40	96
04:50	152	05:50	126	06:50	107	07:50	94
05:00	147	06:00	122	07:00	105	08:00	92

Ihre Lesegeschwindigkeit ist:

_____ WPM (Wörter pro Minute)

Fragen zum zweiten Lesetext

1. Was ist der Sägeblatt-Effekt? 1 P

2. Worum geht es grob bei der Salami-Technik? 1 P

3. Was macht man bei der ALPEN-Methode? 2 P

4. Wie funktioniert eine A-B-C-D-Analyse? Wie wird sie auch noch genannt? 2 P

Lösungen zu den Fragen

1. Unterbrechungen (z. B. Anrufe) stören die Konzentration, sodass häufig Teile bereits erledigter Arbeit erneut bearbeitet werden müssen.

2. Große Aufgaben in viele kleine Teile zerlegen.

3. Aufschreiben

   Länge planen
   Puffer festlegen
   Entscheiden, was gemacht wird
   Nachkontrolle

4. Aufgaben werden beim Eisenhower-Prinzip nach Wichtigkeit und Dringlichkeit unterschieden.

Verständnis	
6	100,00%
5	83,33%
4	66,67%
3	50,00%
2	33,33%
1	16,67%

_____ Fragen richtig beantwortet.

Ihr Textverständnis ist _____ %

Körper und Geist

Der Körper als Gefäß für den Geist

Warren Buffet erzählte einmal eine sehr einprägsame Geschichte:

Stellen Sie sich vor, eine gute Fee kommt zu Ihnen und sagt Ihnen, dass sie Ihnen ein Fahrzeug Ihrer Wahl schenken wird. Aber nur unter einer Bedingung: Dieses geschenkte Auto ist das einzige Gefährt, das Sie in Ihrem ganzen Leben haben können.

Wie werden Sie dieses Auto behandeln? Wahrscheinlich werden Sie es immer in Schuss halten, regelmäßig zur Inspektion bringen und dafür sorgen, dass es so lange wie möglich einwandfrei funktioniert. Es ist schließlich das Einzige, das Sie je haben werden.

Wie viele Körper haben Sie eigentlich? Sollten wir unseren Körper nicht genauso in Schuss halten? Denn einen zweiten werden wir wohl nicht bekommen.

Im bibeltreuen Mittelalter galt es als „erwiesen", dass der Körper nur die Hülle für den Geist ist. Heute ist man sich in allen wissenschaftlichen Kreisen einig: Im gesunden Körper wohnt der gesunde Geist. Es ist also nicht möglich, die beiden Felder getrennt voneinander zu betrachten.

Das Ganze kann man sich grob wie einen Multiplikator vorstellen. Alle Werte sind fiktiv und dienen nur dazu, das Ganze anschaulich zu zeigen.

Intelligenz   100
Körperliche Fitness 40 %
100 * 40 % = 40 Geistige Leistung.

Okay, was ist also eine kluge Maßnahme? Sollten wir dann mehr lernen und bessere Techniken für den Geist dazu packen? Oder stellt es weniger Aufwand dar, einfach dem Körper etwas Gutes zu tun. Nehmen wir im nächsten Beispiel doch einmal eine Situation, bei der es körperlich organisierter und geistig weniger gut aussieht.

Intelligenz   80
Körperliche Fitness 70 %
80 * 70 % = 56 Geistige Leistung.

Das zeigt ein Stück weit, dass es oft gar nicht sinnvoll ist, mehr zu lernen, wenn wir im Vorfeld die eigene Gesundheit ignorieren. Leider achten nur die wenigsten auf gesunde Ernährung und ausreichend Bewegung.

Dass da etwas schiefläuft, kann man daran erkennen, dass Katzenfutter strenger auf ungesunde Inhaltsstoffe geprüft wird als das, was sich viele auf direktem Wege aus der Mikrowelle in den Mund stopfen.

Schauen Sie sich am Ende dieses Abschnittes doch einmal selbstkritisch an, welche der genannten, wichtigen Punkte Sie schon jetzt in Ihren Alltag eingebaut haben. Die folgenden Punkte haben nichts mit Fitness zu tun, dies sind die Minimalwerte, damit Ihr Gehirn auf 100 % funktionieren kann.

Pro Stunde sitzende Freizeit 10 Minuten leichte Bewegung
20 Minuten Ausdauersport je Tag
3mal je Woche 10 Minuten Krafttraining

Gerade beim Krafttraining ist zu sagen, dass es hier nicht um Bodybuilding geht, sondern um leichte Muskelaufbau-Übungen. Dieser Wert gilt auch für Frauen. In Seminaren kommt hier häufig der Einwand, dass das dann gar nicht mehr ästhetisch weiblich aussieht. An dieser Stelle möchten wir beruhigend anmerken, dass kaum eine Frau durch das Heben einer rosafarbenen Hantel am nächsten Morgen mit der Statur von Arnold Schwarzenegger aufwacht und dass Sit-ups auch niemanden in den Hulk verwandeln. Aber viele Prozesse in unserem Körper, die unterstützend für unser Gehirn wirken, kommen erst richtig in Gang, wenn unser Körper eine mindestens leichte Muskulatur aufbauen und erhalten darf.

Workout für das Gehirn

Nach einem langen Arbeitstag möchten Sie sich gerne entspannen, um den Stress Ihres Tages loszulassen? Wie bewirken Sie dieses Gefühl der Entspannung? Legen Sie sich gerne auf die Couch und schauen fern oder unternehmen Sie einen Spaziergang? Sport macht den Kopf frei – diesen Satz haben Sie bestimmt schon einmal gelesen. Er stimmt auch, denn Bewegung kurbelt die Durchblutung im Gehirn an. Nicht die Intensität, sondern die Regelmäßigkeit spielt dabei eine große Rolle. Vor allem für ältere Menschen spielt die regelmäßige Bewegung eine große Rolle. Denn hierdurch wird nicht nur das Erinnerungsvermögen verbessert, sondern auch die Lernbereitschaft steigt dadurch. Sport fördert die Entstehung neuer Verknüpfungen im Gehirn. Sie werden dadurch fokussierter und konzentrierter und bauen dabei Ihren Stress ab. Auch Ihre Stimmung steigt dabei.

Dabei sollten Sie sich an Ihre persönliche Grenze bringen. Ein kleiner Lauf ums Haus oder eine kleine Jogging-Route bringt Ihnen dabei sicherlich Entspannung, aber für die Gesundheit ist es am besten, wenn Sie sich auspowern. Sie kennen das Gefühl, wenn Sie, nach dem Sport nach Hause kommen und voller Glücksgefühle sind.

Wenn Sie nach dem Spaziergang noch mehr Stresshormone aussenden wie vor dem Spaziergang, verbinden Sie das mit etwas Negativen und möchten das nicht so schnell wiederholen. Deswegen ist es auch wichtig, dass Sie dabei Spaß haben. Dieser Spaß kommt hormonell aber nur, wenn die richtigen Menschen dabei sind oder Sie an Ihre Grenzen gegangen sind.

Nahrung fürs Gehirn

Was das Gehirn braucht

Die Ernährung ist, genauso wie die Aufnahme von Flüssigkeiten, ein wesentlicher Aspekt, welche Leistung unser Gehirn erbringen kann. Durch eine bewusste und gesündere Ernährung sowie durch eine reichliche Flüssigkeitszufuhr verbessert sich nicht nur unsere Konzentrationsfähigkeit. Wir können auch motivierter in den Tag starten. Vorteile einer gesunden und ausgewogenen Ernährung sind beispielsweise: bewusst im Moment zu sein, die Umgebung mit einem klaren Blick zu betrachten, die Dinge so aufzunehmen, wie sie wirklich passieren, schnell zu reagieren und die Initiative zu ergreifen.

Ein leistungsfähigeres Gehirn bringt Sie dazu, mehr aus der Gegenwart aufzunehmen. Ein wacher Rundblick für die nötigen Dinge in Ihrem Leben, ohne dafür viel Aufwand betreiben zu müssen. Sie werden nicht mehr so getrieben sein, wie auf Stand-by, sondern Entscheidungen bewusster und verantwortungsvoller treffen können. So viele Menschen werden hauptsächlich von ihren unbewussten Impulsen getrieben, als würden Sie gar nicht selbst das Leben steuern, sondern wie fremdgesteuert leben. Diese Menschen wissen oft gar nicht, was in ihrem Leben passiert und verarbeiten Dinge erst viel später, als es eigentlich nötig ist. Anhand dessen sollten wir einen kritischen Blick auf unsere Nahrungsmittel werfen, die wir tagtäglich zu uns nehmen.

Denn obwohl unser Gehirn nur etwa 2 % der Masse des Körpers ausmacht, ist es für fast 20 % des gesamten Energieverbrauchs verantwortlich. Deswegen ist es für Sie von Vorteil, eines Ihrer wichtigsten Organe mit dem zu versorgen, was es auch wirklich braucht.

Wir wollen Ihnen hier keine Predigt halten, wie wichtig doch eine gesunde und ausgewogene Ernährung ist. Wir sind uns sicher, dass Sie das schon wissen. Das Ziel ist es, Ihnen bewusst zu machen, was Sie über den Tag aufnehmen, welche Lebensmittel mit welcher Zutatenliste Sie in Ihren Einkaufswagen legen. Vielleicht lohnt es sich, den einen oder anderen Schokoriegel am Nachmittag durch eine Packung Nüsse zu ersetzen.

Heutzutage werden wir von allen Seiten, beispielsweise von Magazinen oder Zeitschriften, bombardiert, wie wichtig doch eine gesunde Ernährung für unser Gehirn und für unseren Körper ist. Unser Ziel ist es, dass Sie hier einen Einblick gewinnen, welche Stoffe für die Zentrale unseres Körpers relevant sind und welche nicht.

Erst einmal eine Einführung, woraus unser Gehirn besteht:

Wenn man den Wasseranteil, der im Gehirn vorhanden ist, abzieht, stellen wir fest, dass unser Gehirn zu 60 % aus Fett und zu 40 % aus Eiweiß besteht. Anhand dessen ist es nur eine logische Schlussfolgerung, unser Gehirn mit diesen drei Bestandteilen zu versorgen: Wasser, Fett und Eiweiß.

Mikronährstoffe, also Vitamine, Mineralstoffe und Spurenelemente, sind für unser Gehirn auch wichtig. Denn ein Mangel von solchen kann, so bestätigen Untersuchungen, im Alter zu einem schwachen Erinnerungsvermögen führen und die Konzentration genauso wie die Aufmerksamkeit stören. Dazu werden wir aber in einem späteren Abschnitt genauer Stellung nehmen.

Warum viele Medien davon berichten, dass das Gehirn Traubenzucker für ein schnelles Denkvermögen braucht, wie gut es wirklich ist, während der Prüfung etwas davon zu sich zu nehmen, und was das mit dem sogenannten Ketonkörper auf sich hat, erfahren Sie ebenso später.

Dihydrogenmonoxid

Oder nennen wir es einfach Wasser.

Patric Heizmann hat es einmal sehr schön beschrieben, wie das mit dem Wasser so läuft:

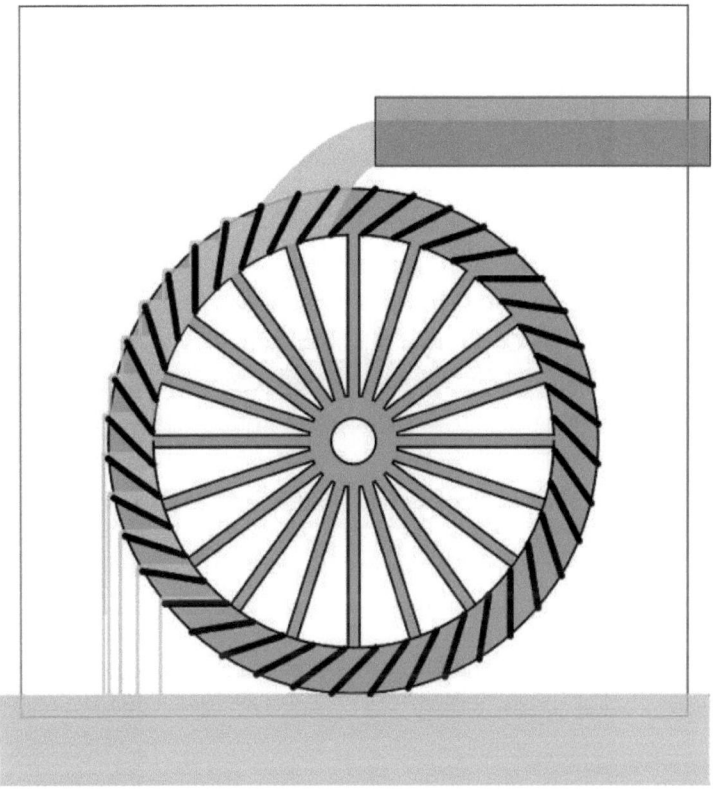

Wird dieses Rad aufhören sich zu drehen, wenn wir weniger Wasser darüber geben? Wahrscheinlich nicht, auch wenn es eher langsamer wird. Schadet es diesem Rad, wenn wir Massen an Wasser darüber kippen? Nein, aber es wird sich bestens in Bewegung setzen. Genau so ist es mit dem Wasser bei unserem Verstand. Zu viel ist unkritisch. Ja, es gibt immer wieder Quellen, die Studien zitieren, die besagen, dass viel Wasser schlecht ist. Da es hierbei aber um Wassermengen geht, die eher unrealistisch im Alltag sind, nehmen wir diese jetzt nicht in den Fokus, denn wir reden hier von Wassermengen von über 5 Litern am Tag. Kurzgesagt: Wenn Sie wollen, dass Ihr Gehirn gut funktioniert, trinken Sie lieber mehr Wasser als zu wenig. Wenn Sie nicht gerade einen Swimmingpool austrinken, sind keine Gefahren für die Gesundheit zu erwarten, schließlich teilt Ihnen Ihr Körper auch mit, wann Schluss ist.

Kleiner Tipp für den frühen Morgen: Wenn Sie direkt am Morgen eine größere Menge an Wasser (ca. 0,5 Liter) trinken, merken Sie, dass diese Trägheit am Morgen ganz oft nicht von Müdigkeit, sondern eher von Dehydrierung kommt.

Die meisten Studien sind sich übrigens einig, dass Softdrinks nicht in den täglichen Wasserpegel hineinzählen. Es ist sogar so, dass die Menge, die wir uns an Cola und Co in den Hals schütten, eins zu eins mit Wasser kompensieren sollten. Einige Websites und „Gesundheits-Journale" kommen gelegentlich zu der Erkenntnis, dass Kaffee den Körper auch dehydrieren würde. Allerdings sagen alle seriösen Studien, die wir dazu gefunden haben, dass das nicht stimmt. Kaffee entzieht keine Feuchtigkeit.

Das Gefährliche an Softdrinks ist leider, dass wir zwar vom Körper die Meldung bekommen: „Genug Flüssigkeit da, es passt alles."

In Wahrheit wird aber genau da, wo die meiste Flüssigkeit gebraucht wird, durch das Zuckerwasser eine große Menge entzogen. Sie haben also das Gefühl, keinen Durst zu haben, aber in Wahrheit sitzt Ihr Gehirn auf dem Trockenen.

Wenn Sie sagen, dass Sie das in der Theorie bereits wissen, aber das Trinken im Laufe des Tages einfach vergessen: Es gibt Apps, die einen genau daran erinnern. Oder Sie stellen sich einfach einen Alarm am Handy, der einmal die Stunde stumm losgeht und als Text einfach nur „Wasser" hat. Alarm aus, Wasser trinken, weitermachen.

Wenn Sie lieber analog unterwegs sind, stellen Sie sich die Flasche in Sichtweite und setzen Sie sich bestimmte Zeiten, bis wann sie leer sein sollte.

Fett – Freund oder Feind?

Beginnen wir mit den zwei Bausteinen des Gehirns, nämlich Fett und Eiweiß. Diese gehören der Gruppe der Makronährstoffe an. Ein dritter Baustein, der ebenso dazugehört, sind die Kohlenhydrate. Das Gehirn besteht, wie oben genannt, aus 60 % Fett, deswegen ergibt sich die Schlussfolgerung, dass das Gehirn über die Nahrung überwiegend Fett erhalten sollte.

Viele Menschen unterscheiden leider nicht zwischen „guten" und „schlechten" Fetten, wobei es so etwas wie schlechtes Fett nicht gibt. Darüber werden wir auch in einem späteren Abschnitt berichten. Viel zu selten werden Produkte nicht gekauft, weil diese zu viel Fett enthalten, obwohl dieses für uns eigentlich essenziell ist. Oder wie Patric Heizmann es so schön sagt: „Die Angst vor Fett hat uns fett gemacht." Wir sollten uns darüber informieren, welches Fett wir in unseren Einkaufswagen legen sollten und welches nicht. Es werden drei verschiedene Arten von Fetten unterschieden: die gesättigten Fettsäuren, die besser nicht zu viel konsumiert werden sollten, die ungesättigten Fettsäuren, von denen wir so viel essen können, bis wir platzen (natürlich nur im übertragenen Sinne) und die mehrfach ungesättigten Fettsäuren, zu denen die Fette Omega 3 und Omega 6 gehören. Bitte fixieren Sie sich nicht nur auf ungesättigte Fettsäuren oder irgendetwas anderes, von dem Ihnen jemand sagt, dass es gesund sei. Eine gute und ausgewogene Ernährung kommt von der Vielfalt und Abwechslung. Und wenn sich unser Gehirn bei den ungesättigten Fettsäuren schon freut, dann jubelt es bei den mehrfach ungesättigten Fettsäuren. Jede Zelle unseres Körpers wird dadurch gestärkt.

Etwas, das Sie auf jeden Fall beachten sollten, sind die Transfettsäuren. Diese sind fast schon als giftig zu bezeichnen. Sie wirken bei einem Überkonsum im Körper gesundheitsschädlich und lebensverkürzend. Es spielt also eine große Rolle, welches Fett wir zu uns nehmen. Außerdem haben wir noch die Ketonkörper, die aus Fett gebildet werden und die besten und schnellsten Energiezulieferer für Ihr Gehirn sind. Das klang nach sehr viel? Keine Sorge, in den nächsten Kapiteln werden wir die einzelnen Bausteine genau unter die Lupe nehmen.

OMEGA 3 UND OMEGA 6

Fangen wir mit dem – unserer Meinung nach – wichtigsten Aspekt in unserer Ernährung in Bezug auf Fett an. Das Verhältnis von Omega 3 zu Omega 6. Beide gehören zu den mehrfach ungesättigten Fettsäuren. Der Körper kann beide nicht selbst herstellen. Deswegen müssen ihm diese zugeführt werden. Das Omega 3 zu Omega 6 Verhältnis ist in unserer heutigen Gesellschaft stark im Ungleichgewicht. Die DGE, Deutsche Gesellschaft für Ernährung, empfiehlt ein Verhältnis von 5:1 (Omega 6:Omega 3) nicht zu überschreiten. „Nicht zu überschreiten" heißt aber, dass das schon ein kritischer Wert ist. Tatsächlich ist es ideal, wenn wir ein Verhältnis von 1:1 haben. In der Steinzeit war das Verhältnis weitestgehend optimal. Die Universität Hohenheim schätzt das Verhältnis eines Steinzeitmenschen von Omega 6 zu Omega 3 auf 2–3:1. Leider ist es nicht selten bei 15:1 oder sogar bei 20:1. Bei Jugendlichen, wegen ihrer oft schlechten Ernährung, sogar bei bis zu 25:1. Das ist fünf Mal mehr, als es uns die DGE empfiehlt. Doch wieso ist dieses Verhältnis bei uns heutzutage so schlimm? Wieso war es beim Steinzeitmenschen ganz anders? Er hat sich doch genauso wie wir von Fleisch und Fisch ernährt und genauso Nüsse verzehrt. Heute haben wir mehr Ahnung von einer gesünderen Ernährung als damals und wir verfügen über genau dieselben Lebensmittel, die es damals auch schon gab. Ja, wir haben zwar die gleichen Lebensmittel wie damals, dennoch sind da einige dazu gekommen. Lassen Sie es uns Ihnen mit zwei Bildern demonstrieren, wieso das in der heutigen Zeit so ist.

Ernährung früher:

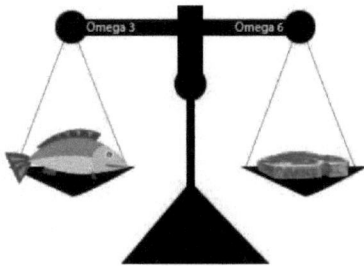

Und das ist die Ernährung heute:

Omega 6 ist in vielen pflanzlichen Ölen vorhanden, welche die Lebens-mittelindustrie bei stark verarbeiteten Lebensmitteln einsetzt. Bei genau-erer Betrachtung ist allerdings Todesmittel passender für viele industriell gefertigte Produkte. Das Fleisch enthält inzwischen mehr Omega 6 als damals. Aufgrund der Massentierhaltung wird den Tieren minderwertiges Essen gegeben, bei dem es sich in den meisten Fällen um Sojaschrot han-delt. Das Soja enthält einen hohen Anteil an Sojaöl (Omega 6:Omega 3 = 7:1), das einen Omega-6-Gehalt von mehr als 50 % aufweist. Gefährlich ist auch, dass das Fleisch dann auch noch meist mit einem Öl gebraten wird, das sehr Omega-6-haltig ist, wie zum Beispiel Sonnenblumenöl. Das ist erstens kein gutes Verhältnis und zweitens entstehen beim Braten mit diesen Ölen Transfette, worauf wir aber im dazugehörigen Kapitel eingehen werden. Genauso werden oft Öle für Salate verwendet, die ebenfalls einen hohen Anteil an Omega 6 enthalten. Zum Verfeinern für den Salat werden beispielsweise Sonnenblumenkerne, Cashewkerne, Kürbiskerne oder Mohnsamen verwendet. Verstehen Sie uns nicht falsch, das sind alles gesunde Nahrungsmittel. Dennoch werden diese im Überfluss aufgenommen. Beziehungsweise bedeutend mehr als Omega-3-Produkte. Lebensmittel mit einem hohen Anteil von Omega 6 sind wie oben genannt Fleisch- und Wurstwaren, wobei Sie Wurstwaren auch nicht nur wegen des hohen Anteils an Omega 6 meiden sollten. Hier sehen Sie eine Tabelle verschiedener Öle und ihr Verhältnis von Omega 3 zu Omega 6.

Pflanzliche Öle	Verhältnis Omega 6:Omega 3*
Distelöl	160:1
Sonnenblumenöl	120:1
Kürbiskernöl	115:1

* Hierbei handelt es sich um ungefähre Angaben. Die Daten variieren von Quelle zu Quelle.

Rapsöl und Leinöl sind übrigens die Öle mit dem höchsten Omega-3-Gehalt. Leinöl mit einem Verhältnis von 3:1, in manchen Quellen 4:1, und Rapsöl von 2:1, in manchen Quellen auch 3:1. Weitere Nahrungsmittel mit einem hohen Omega-3- Gehalt sind Chia-Samen, Leinsamen, Walnüsse, Hanföl, Lachs, Forelle und Sardine.

Ein Überschuss von Omega 6 kann entzündungsfördernd wirken. Zusätzlich verengt es unsere Gefäße. Somit kann sich an diesen Stellen das Blut verklumpen und es bilden sich Gerinnsel. Dadurch fließt das Blut nicht mehr so flüssig hindurch, wie es eigentlich sollte. Das führt dann im Alter zu einem Schlaganfall oder Herzinfarkt. Omega 3 ist ein wesentlicher Bestandteil der Nervenzellen im Gehirn. Die Fettsäuren nehmen einen positiven Einfluss auf Ihre mentale Leistungsfähigkeit. Ihr Aussehen verbessert sich dadurch – was logisch ist, da die Gefäße sich nicht mehr verengen und das Blut ungehindert durchfließen kann. Da sich das Blut nicht mehr verklumpt und so das Gehirn ungehemmt durchblutet wird, reagieren Sie schneller und haben ein besseres Erinnerungsvermögen. Genauso funktioniert die Vernetzung im Gehirn viel besser mit einem ausreichenden Zufluss an Omega 3. Ein weiterer Vorteil von mehr Omega-3-Fettsäuren für unser Gehirn ist, dass es die Lernbereitschaft erhöht. Wissenschaftler der Oregon Health and Science University in Portland haben mit Affen Experimente durchgeführt und konnten dadurch bestätigen, dass bei einer lebenslang ausreichenden Aufnahme von Omega 3, die Affen ein besser entwickeltes Gehirn bekommen haben. In den USA und in England wurden Untersuchungen mit Kindern, die an Lern- und Konzentrationsstörungen leiden, durchgeführt. Den Kindern wurden Fettsäuren gegeben und dadurch wurden diese ruhiger und ihre Lern- und Verhaltensstörungen besserten sich.

GESÄTTIGTE FETTSÄUREN

Waren Sie schon einmal bei dem bekannten Burger-Restaurant mit der goldenen Möwe? Oder bei einem der anderen Fast-Food-Kaloriendealer? Kurz nach dem Essen fühlen Sie sich, als hätten Sie einen extremen Energieschub erhalten. In den Speisen sind viele gesättigte Fettsäuren enthalten, die erst einmal scheinbar viel Energie liefern. Die sind aber ungesund für Ihr Gehirn und Ihren Körper. Glücklicherweise sind diese direkt in der Nährwerttabelle bei jedem Lebensmittel gut sichtbar. Gesättigte Fettsäuren sind so gut wie immer in Fertigprodukten enthalten. In beispielsweise Butter, Wurst, Käse, Sahne oder Fleisch kommen gesättigte Fette vor. Ein Übermaß an den Produkten kann die Arterien verkalken und dadurch zu Schlaganfall oder Herzinfarkt führen. Keine Sorge, Sie müssen gesättigte Fette nicht auf null reduzieren, aber je weniger Sie davon zu sich nehmen, desto leistungsfähiger werden Körper und Geist langfristig werden. Denn der kurzfristige Energieschub bei Fertigessen ist nämlich vor allem eines:

kurzfristig. Danach haben Sie weniger Energie zur Verfügung als vorher. Die DGE empfiehlt, die Aufnahme von gesättigten Fettsäuren auf 7 % bis 10 % der gesamten Energiezufuhr zu beschränken.

TRANSFETTE – GIFT FÜR DAS GEHIRN

Kommen wir nun zu einem Bestandteil der Nahrung, der in vielen europäischen Ländern im Übermaß in Nahrungsmitteln verboten ist, der aber leider in Deutschland noch nicht einmal auf der Verpackung erwähnt werden muss. Dies ist kein Ernährungsratgeber, daher ist es nicht das Ziel, chemische Reaktionen aufzuzeigen. Kurz zusammengefasst lässt sich sagen: Transfette machen schwach, krank und langfristig dumm. Transfette kommen in allen Lebensmitteln vor, die industriell verarbeitet werden. Das sind zum Beispiel Margarine, Panaden auf tiefgefrorenen Fischfilets oder Hähnchen, Kartoffelchips sowie alle Arten von Fertiggerichten. Außerdem fallen frittierte Pommes oder gebratene Burger-Patties auch in diese Kategorie.

Wie entstehen Transfettsäuren?

Transfettsäuren entstehen, wenn frittiert oder mit den falschen Fetten gebraten wird. Privat ist es hier ganz leicht, etwas zu ändern: Braten Sie nicht mit Ölen, sondern mit Kokosöl, da dieses beim Braten so gut wie keine Transfette freisetzt. Verstehen Sie uns nicht falsch, Olivenöl und viele andere Öle sind gesund, aber eben nicht mehr, wenn diese erhitzt werden.

In vielen Restaurants und ganz besonders in der Fast-Food-Industrie kommt es leider oft dazu, dass das Fett beim Frittieren leider nicht nach jeder Benutzung gewechselt wird. Das verstärkt die negativen Effekte noch weiter.

Eiweiß

Gerade wenn Sie etwas Neues lernen wollen, aber auch, wenn es darum geht, vorhandene Fähigkeiten auszubauen, ist eine eiweißreiche Ernährung ein echter Gamechanger. Der Baustein Eiweiß ist untergliedert in 20 verschiedene Aminosäuren, wobei acht davon essenziell sind. Essenziell heißt für uns, dass wir die essen sollten. Die Bausteine der Aminosäuren übernehmen wichtige Aufgaben im Körper. Sie sind für den Austausch der Informationen im Gehirn wichtig. Nervenbotenstoffe, die in unserem Gehirn dafür benötigt werden, Systeme wie das Gedächtnis zu regulieren, benötigen Baumaterial, das durch Eiweiße zur Verfügung gestellt werden kann. Außerdem begünstigen die Aminosäuren die Erweiterungen der Gefäße im Gehirn. Das bedeutet, wenn wenige Aminosäuren in unserem Gehirn vorhanden sind, funktioniert die Weiterleitung der Informationen nicht mehr einwandfrei. Aminosäuren fördern ebenso die Ausschüttung des Glückshormons Serotonin in unserem Gehirn. Serotonin ist das Hormon, das für unsere gute Laune zuständig ist. Schon allein dafür lohnt es sich, auf der Verpackung von Lebensmitteln mehr nach Eiweiß Ausschau zu halten. Nebenher sättigt Eiweiß ziemlich gut. Das ist hier zwar kein Diätratgeber, aber dennoch ist es ein angenehmer Nebeneffekt, so weniger Appetit auf Ungesundes zu haben. Lebensmittel mit einem hohen Anteil an Eiweiß ist Fleisch, vor allem Huhn, Rind, Schwein und Fisch sowie Leber. Fleischfreie Eiweißquellen sind Sojabohnen oder Tofu, Quinoa, Samen und Nüsse. Wenn Sie Süßigkeiten, die Sie snacken, durch Walnüsse ersetzen, werden Sie einen starken Unterschied auf Ihre Aufmerksamkeitsspanne feststellen.

Kohlenhydrate – Es wird zuckerig

Der Hype der Low-Carb-Ernährung ist allgegenwärtig. Viele Menschen haben angefangen, darauf zu achten, was sie zu Hause auf ihren Teller legen. Das ist zwar sehr positiv für sie und ihren Körper, aber leider informieren sich sehr viele Menschen nicht genug. Die schöne Verpackung gibt eher den Ausschlag zum Kauf als die schöne Zutatenliste. Wenn auf der Vorderseite „Ohne Zucker" zu lesen ist, ist das kein Grund, „Juhu, was gefunden, das ich während meiner qualvollen Diät essen darf" zu rufen. Auf der anderen Seite steht jedoch auf der Zutatenliste Zucker. Das sehen wir leider nicht sofort, weil das Wort „Zucker" sich durch andere Wörter sehr bequem ersetzen lässt. Das sind die anderen Worte für Zucker:

Ahornsirup, Apfelsüße, Dextrin, Dextrose, Fruchtextrakt, Fruchtkonzentrat, Fruchtsaftkonzentrat, Fruchtzucker, Fruktose, Fruktose-Glukose-Sirup, Fruktosesirup, Glukose, Inulin, Invertzucker, Invertzuckersirup, Karamell-sirup, Laktose, Maltodextrin, Maltose, Milchzucker, Polydextrose, Raffino-se, Rohrzucker, Saccharose, Sorbit, Traubenzucker, Weizendextrin, Xylit, Zuckerrübensirup

Vorn auf der Packung steht: „Gesund und mit wenig Zucker", aber drehen Sie dieses Produkt um, gibt die Nährwerttabelle tatsächlich Folgendes preis:

5 g Zucker, aber 60 g Kohlenhydrate.

Na ja, Kohlenhydrate sind nicht so schlimm wie Zucker, oder? Doch, es ist leider fast das Gleiche. Bei der Angabe sind die 5 g Zucker der Einfach/ Zweifachzucker und die 60 g der Mehrfachzucker. Dennoch, wenn der Körper den Mehrfachzucker in seine einzelnen Bestandteile auflöst, ergibt das wieder Einfachzucker. Oder anders gesagt, auch wenn Sie scheinbar zuckerfreie Kohlenhydrate zu sich nehmen, werden diese in Ihrem Körper zu Zucker umgewandelt. Wenn nun beispielsweise Brot zu großen Teilen aus Kohlenhydraten besteht, werden diese in Ihrem Körper so umgewandelt, dass das Brot am Ende wie ein Dessert wirken wird. Sicherlich, 100 g Schokolade gehen schneller ins Blut, aber auf den Tag verteilt machen 100 g Brot, Kartoffeln oder Nudeln eine ähnliche Zuckerbilanz.

Zucker und das Gehirn

Glukose, die aus Zucker gewonnen wird, liefert Energie. Das Gehirn kann seine Energie auch aus den Ketonkörpern holen, worauf wir aber später zu sprechen kommen. Glukose, auch Traubenzucker genannt, wird von unserem Gehirn bevorzugt, daher haben wir ein starkes Verlangen nach zuckerhaltiger Nahrung. Wir glauben, dass diese unserem Gehirn guttut, was an den Belohnungshormonen liegt, die direkt ausgeschüttet werden. Glukose ist keine optimale Energiequelle, aber sie ist nach dem Essen fast direkt verfügbar. Das war sicherlich in der Wildnis, als es um Leben und Tod ging, eine gute Sache. Aber in der heutigen Welt, in der wir eben nicht mehr den ganzen Tag um unser Überleben kämpfen, sorgt genau diese schnelle Energie in Kombination mit der dauerhaften Verfügbarkeit von Essen dafür, dass wir immer flauschiger werden. Außerdem wird das Gehirn durch zu häufige Zuckerbelieferung überlastet. Denn in der Natur war Zucker eine Seltenheit, daher war das hohe Verlangen kein Problem. Wir haben eben dann gegessen, wenn es etwas gab. Weil die süßen Sünden heute aber einfach erhältlich sind, ist unser Belohnungszentrum überladen, was zu geringerer Aufmerksamkeitsspanne und verschlechterter Aufnahmefähigkeit führt. Dies ist zwar kein Diätratgeber, aber Zucker hat auch noch die Nebenwirkung, dass das Hormon Leptin schlechter produziert wird. Leptin sagt dem Körper, dass er gerade nicht verhungert, es ist sozusagen ein Hormon für Sattheit. Die schlechtere Ausschüttung dieses Hormons führt dazu, dass wir mehr essen, als wir brauchen, was weitere negative Effekte beflügelt.

AUSWIRKUNGEN AUF DAS GEHIRN VON ZU VIEL ZUCKER

Ein erhöhter Zuckerkonsum wirkt sich negativ auf das menschliche Gehirn aus. Bei einer Studie in den USA im Jahr 2013 wurde festgestellt, dass Menschen mit einem hohen Blutzuckerspiegel eher an Demenz erkranken. Das Insulin im Gehirn ist an Denkprozessen beteiligt. Essen Sie viel Süßes, führt das zu einem hohen Insulinspiegel und das Gehirn gewöhnt sich somit daran. So entsteht eine Sucht, fast wie bei starken Drogen. Da das Insulin „gebraucht" wird, liefert das Gehirn eine schwächere Leistung ab.

WAS KANN PASSIEREN, WENN SIE DEN ZUCKER WEGLASSEN?

Natürlich ist die Anfangszeit mental eine Herausforderung. Zucker ist in unserer heutigen Gesellschaft ein gängiges Nahrungsmittel wie die anderen auch. Viele sind sich leider der Risiken eines erhöhten Zuckerkonsums gar nicht bewusst. Die Vorteile, die eine zuckerarme Ernährung mit sich bringt, werden vielfach unterschätzt. Das Ziel muss es gar nicht sein, komplett auf Zucker zu verzichten. Wir möchten aber hier die Vorteile aufzeigen, wie es Ihnen gehen wird, wenn Sie den Zucker für eine Zeit aus dem Ernährungsplan streichen. Für eine Reduzierung ist tatsächlich eine zeitweise komplette Streichung empfehlenswert. Vor allem, um sich einer Sache bewusst zu werden, die bis jetzt vielen gar nicht klar ist: Es kommt am Anfang zu Entzugserscheinungen, was ein Beweis ist, dass eine Abhängigkeit besteht. Daher ist es sinnvoll, erst einmal „trocken" zu werden. Ein Alkoholiker wird auch nicht sagen: „Ich werde ab morgen nur noch eine Flasche statt zwei trinken." Er wird leider mit hoher Wahrscheinlichkeit wieder in sein altes Muster verfallen. Deswegen ist es ganz wichtig, zuerst „clean" zu werden. Die ersten Tage, können für Sie eine Qual werden. Manche fühlen sich schlapper als sonst und Ihnen könnte etwas an Glück fehlen. Klar, denn die Dopaminrezeptoren werden nicht mehr durch den Zucker befriedigt und wir haben keine scheinbaren Kick-Glücksmomente über den Tag. Muss das alles so kommen? Nein, aber das kann passieren. Die meisten Menschen, die anfangen ihren Zucker zu reduzieren, haben sehr schnell eher das Gefühl der Motivation in sich. Sie wollen etwas ändern, sie wissen, dass sie sich besser fühlen werden und „überspielen" sozusagen das schlechte Gefühl. Nach einer oder zwei Wochen bekommen sie ein schönes Glücksgefühl. Sie fühlen sich gut, als wären sie aus einem Schlaf erwacht und nun viel bewusster. Aus eigener Erfahrung können wir sagen, es ist ein unbeschreibliches Gefühl. Ihr Geschmackssinn wandelt sich nach einer kurzen Zeit. Für Sie wird Gemüse, wie Karotten, Gurken und alles, was gesund ist, süßer schmecken. Ihre Geschmacksknospen naturalisieren sich. Gesund und lecker ist dann für Sie dasselbe. In Live-Seminaren sagen viele an dieser Stelle übrigens, dass sie gar nicht wollen, dass Gemüse ihnen schmeckt, weil Schokolade viel toller ist. Das ist ein Zeichen, dass die unterbewusste Sucht stärker ist als gedacht. Denn wir wollen essen, was uns schmeckt. Wenn Sie sich nun aber aussuchen können, was Ihnen schmeckt, empfehlen wir Ihnen, sich das schmecken zu lassen, was Körper und Geist belebt. Probieren Sie es aus, es wird Ihnen nur Vorteile bringen.

Die Quelle deiner Energie – Glukose oder Ketonkörper

Der Sinn und Zweck dieses Buches ist es, Ihr Gehirn weiter fit zu halten und dessen Leistung zu optimieren. Glukose (Zuckerbasis) oder Ketone (Fettbasis) sind zwei Energieträger, die das Gehirn versorgen. Ketone sind schnellere und stabilere Energielieferanten als Glukose. Das menschliche Gehirn arbeitet mindestens 25 % effizienter, wenn es auf die Ketone zugreift. Doch die entscheidende Frage überhaupt ist: Was sind Ketone? Ketone, oder auch Ketonkörper genannt, entstehen bei einer Fettverbrennung in der Leber. Das Gehirn greift aber nur auf Ketone zurück, wenn der Glukosespiegel niedrig ist. Viele glauben, dass das Gehirn aber Zucker braucht, um zu funktionieren. Das stimmt so nicht ganz, denn unser Gehirn kann, in so genannten „Hungerzeiten", Ketone als Energielieferant nutzen. Dabei nutzt das Gehirn nicht die Glukose als Kraftstoffquelle. Natürlich bedeutet das, das eine fettreiche Ernährung hier von Vorteil ist. Und aufgrund der Abschnitte davor, wissen Sie, welche Fette von uns aufgenommen werden sollten. Bei einer fettreichen und ketogenen Ernährung werden die Neuronen in unserem Gehirn schneller und besser repariert und geheilt. Weitere Vorteile sind, dass Ihr Insulinspiegel nicht im Wechsel fällt und steigt, was als die Ursache von Tiefs, wie dem Mittagstief, gilt. Sie sind über den ganzen Tag ausgelassener und auf eine energiereiche Art entspannter. Außerdem wird bei einer zuckerreduzierten

Ernährung eine Überreizung von Nervenzellen vermindert. Es stellt sich heraus, dass schon in den Vierzigern die Gehirnbahnen nicht mehr so ganz funktionstüchtig sind. Indem auf Einfach oder Zweifachzucker verzichtet wird, können diese Bahnen aber wieder repariert werden.

Vitamine, Mineralstoffe, Spurenelemente

Dass unser Gehirn über Synapsen speichert und verknüpft ist, haben Sie schon erfahren. Diese Synapsen sind wichtig, denn diese sorgen für eine reibungslose Kommunikation zwischen den Nervenzellen. Ihre Membranen bestehen aus Phospholipiden. Ja, das ist ein tolles Wort. Und ein ebenso großartiges Wort ist Phosphatidylserin. Das ist nämlich das Grundgerüst, das die Zellmembran bildet und somit für die Funktionstüchtigkeit und Beweglichkeit aller Körperzellen erforderlich ist. Deswegen ist es auch wichtig, dass Sie Ihr Grundgerüst aufrechterhalten, da es für alle unserer Zellen von Bedeutung ist. Der Körper kann es zwar selbst produzieren, dennoch muss man die Nährstoffe zu sich nehmen, damit der Körper auch die richtigen Zutaten hat. Die Nährstoffe, die Sie für ein stabiles Grundgerüst für Ihre Zellen brauchen, sind Folsäure und Vitamin B12, der Eiweißbaustein Methionin und Fettsäuren. Keine Sorge, das klingt jetzt komplizierter, als es ist. Nahrungsmittel, in denen viel Folsäure enthalten ist, sind Spinat, Salate, Spargel, Kohl und Hülsenfrüchte, wie zum Beispiel Sojabohnen und Erbsen. Vitamin B12 ist vor allem in vielen tierischen Produkten enthalten, wie zum Beispiel Fleisch, Fisch, Leber und Milchprodukte. Für Veganer reicht das Vitamin B12 in Sojaprodukten leider nicht aus, weswegen es für diese empfehlenswert ist, dieses Vitamin mit Nahrungsergänzungsmittel zu sich zu nehmen. Der Eiweißbaustein Methionin hat für unser Gehirn antidepressive Wirkungen. Er ist in Fisch, Fleisch und Gemüse, wie zum Beispiel Rosenkohl, Spinat oder Brokkoli, vorhanden. Außerdem sind Vitamin B1, B6 und Folsäure für eine einwandfreie Funktion der Nervenzellen sehr wichtig. Lebensmittel mit einem hohen Gehalt an Vitamin B1 und B6 sind Schweinefleisch oder Thunfisch. Die fleischfreie Variante finden Sie in Hülsenfrüchten wie Linsen, Erbsen und Bohnen.

Neben den Vitaminen spielt Zink eine große Rolle für unser Gehirn. Die Nervenzellen im Gehirn geben ihre Informationen mit sogenannten Botenstoffen weiter. Zink ist ein wesentlicher Bestandteil der Gehirnenzyme, die für die Bildung und den Stoffwechsel dieser Botenstoffe verantwortlich sind. Wenn genug Zink im Körper vorhanden ist, sorgt dies für eine einwandfreie Signalübertragung an den Synapsen. Bei einer US-Studie des Grand Forks Nutrion Research Center: Zinc Nutrition and Mental Performance of Children in North Dakota im Jahr 2005 wurden mehr als 200 Kinder getestet. Ein Teil von ihnen hat über zehn Wochen lang Zink als Nahrungsergänzungsmittel bekommen. Danach wurde die geistige Leistungsfähigkeit der Kinder getestet. Die Kinder, die Zink erhalten haben, schnitten bei den Tests wesentlich besser ab als diejenigen, die kein Zink zusätzlich aßen. Außerdem ist Magnesium für die Bildung neuer Synapsen verantwortlich und wichtig für ein gut funktionierendes Nervensystem. Nahrungsmittel, in denen Magnesium enthalten ist, sind Nüsse und Samen, Haferflocken und Gemüse, wie zum Beispiel Bohnen oder Kopfsalat.

Programmieren Sie Ihr Gehirn auf gesunde Ernährung

Vielleicht denken Sie jetzt: „Wow das ist ganz schön viel, aber wie setze ich das alles nur um?" Versuchen Sie bitte nicht alles auf einmal umzusetzen, das funktioniert in den meisten Fällen nicht. Das führt zu Stress, Frustration und dem Gefühl, nicht diszipliniert zu sein. Fangen Sie am besten erst einmal an, sich einen Tag in der Woche auszusuchen, an dem Sie über den Tag gesund und ausgewogen essen. Einen perfekten Tag pro Woche also. Machen Sie dies über einen längeren Zeitraum, so lange wie es Ihnen guttut und Sie sich dabei wohlfühlen. Wenn Sie in diesem Spiel dann eine Routine aufgebaut haben, nehmen Sie sich einen zweiten Tag in der Woche vor und spielen Sie das Spiel an zwei Tagen, und zwar wieder so lange, bis Sie sagen: „Egal was passiert, ich stehe hinter meinen zwei gesunden Tagen." Das werden Sie auch sein, denn Sie werden feststellen, dass Sie an diesen Tagen mehr Energie und Lebensfreude haben werden. Sie müssen sich übrigens nicht zu 100 % gesund ernähren. Ab und zu ist sündigen okay, solange Ihr Hauptbestandteil Ihrer Ernährung auf gesunde Lebensmittel aufgebaut ist. Die Ernährung klappt gut, aber irgendwie reizt Sie das Naschen und Snacken zu sehr? Dann gibt es eine gute Technik, welche sich NLP nennt, also das neuro-linguistische Programmieren. Später im Buch wird diesem Thema ein ganzes Kapitel gewidmet. Hier geht es uns darum, herauszufinden, was Sie mit Süßigkeiten und Co verbinden. Dabei hilft die folgende Übung: Nehmen Sie sich einen Zettel und schreiben Sie jetzt Ihre Lieblingssüßigkeit oder -sünde auf, egal ob das Schokolade, Kekse, Waffeln oder vegane Gummibärchen sind. Anschließend notieren Sie auf einer Seite des Blattes, was Sie Schönes damit verbinden, beispielsweise: „Es schmeckt gut." Auf der anderen Seite schreiben Sie negative Aspekte auf, wie zum Beispiel, Sie fühlen sich nicht gut dabei, Sie fühlen sich nicht mehr selbstbewusst, wenn Sie nackt sind, Sie passen nicht mehr in Ihre Lieblingsjeans etc. Für alle diese negativen Aspekte versuchen Sie jetzt Referenzerlebnisse zu schaffen. Auf diese Weise verkaufen Sie sich die negativen Gefühle durch Schmerz. Beispielsweise stellen Sie sich bewusst vor, dass Sie nicht mehr in Ihre Lieblingsjeans passen und verstärken diesen Gedanken. So wird die Synapsenbahn besser durchblutet und das Bewusstsein tritt ein, wenn Sie etwas Süßes essen. Oder Sie nehmen positive Referenzerlebnisse, wie beispielsweise Fotos von Frauen oder Männern, die dem von Ihnen angestrebten Schönheitsideal entsprechen, je nachdem, welchem Geschlecht Sie angehören. Das Foto sollte möglichst dort hängen, wo Sie auch öfter hinschauen, beispielsweise gegenüber der Toilette oder über dem Spülbecken in der Küche. Dadurch verstärken Sie die Synapse „Süßigkeiten machen mich dick", „Süßigkeiten machen Pickel". Der Griff zum Naschwerk bleibt so öfter aus.

Eigene Gefühle kontrollieren, klar denken

Alle Modelle in diesem Kapitel basieren auf psychologischen Erkenntnissen. Damit du die Techniken direkt anwenden kannst, verzichten wir aber auf unnötig komplizierte wissenschaftliche Sprache. Weiterhin verwenden wir Bilder, um Vorgänge im Gehirn zu vereinfachen.

Im Hier und Jetzt

So einfach die folgenden Sätze klingen, so schwer ist es manchmal in der Realität, danach zu leben. Nur wenn Sie mit allen Sinnen und mit allen Gedanken im jetzigen Moment sind, können Sie von sich gute Resultate erwarten. Leider ist es aber oft so, dass wir beim Aufstehen schon mental im Bad sind. Im Bad sind wir mental beim Frühstück. Beim Frühstücken denken wir an den Weg zur Arbeit. Auf dem Arbeitsweg denken wir an den Arbeitstag. Während der Arbeit schwärmen wir vom Feierabend. Wenn wir dann frei haben, denken wir mental schon an morgen. Das ist nicht nur eine starke Bremse für Ihre geistige Leistung, die Sie bei einer Tätigkeit aufrufen können, die Folgen gehen noch viel tiefer. Wenn Sie Ihr Leben oder Teile davon so verbringen und zu wenig im Moment sind, dann leben Sie nicht wirklich. Sie planen und erinnern sich nur. Die planenden und die erinnernden Teile Ihres Bewusstseins sind aber nicht für Freude und Erfüllung zuständig. Daher sind diese auch nicht in der Lage, Ihnen diese zu geben. Sie sehen also, dieses Kapitel betrifft nicht nur Ihre geistige Leistung. Es geht darum, mehr Qualität in Momente zu geben und Ihr Bewusstsein zu steigern. Denn Bewusstsein besteht aus „Bewusst sein". Das können Sie nur erreichen, wenn Sie im Moment sind und Ihre Gedanken nicht abschweifen. Das ist aber gar nicht so einfach. Das merken Sie spätestens dann, wenn Sie eine kleine, aber einfache Übung versuchen: Legen Sie das Buch für eine Minute beiseite und denken Sie an absolut nichts.

Sie werden feststellen, dass das gar nicht so leicht ist. Aber genau diesen Zustand haben Sie schon oft erreicht. Waren Sie schon einmal komplett in einer Tätigkeit versunken, sodass Sie nichts um sich herum wahrgenommen haben? Auch die eigenen Bedürfnisse sind komplett in den Hintergrund getreten. Es gab nur noch Sie und Ihre Aufgabe. Als Sie fertig waren oder eine Pause eingelegt haben, haben Sie vielleicht gemerkt, dass Sie viel zu wenig getrunken und gegessen haben und auch sehr dringend die Keramikabteilung besuchen müssen. Davor war Ihnen all das nicht bewusst. Diesen Zustand nennt man in der positiven Psychologie „Flow". Dieser Zustand ist ein gedankenloser Zustand. Außerdem ist es ein erfüllter und meistens auch glücklicher Zustand. In diesem Modus spielt das Wort *Kreativität* keine Rolle, denn Ihr Gehirn spuckt Ihnen einfach die Ideen und Lösungen aus, die Sie brauchen, Sie sind einfach im Fluss. Ziel dieses Kapitels ist es, dass Sie diesen hoch fokussierten Zustand häufiger erleben können, dass es Ihnen möglich wird, mehr Momente in der Gegenwart zu verbringen, ohne dass Ihre Gedanken vom Thema abschweifen.

Die Shaolin-Mönche meditieren regelmäßig und viel. Meditation ist oft spirituell belegt, aber der besagte Flow-Zustand ist nichts anderes als Meditation. Die Meister der Mönche gehen oft einer nicht sehr nett scheinenden Aufgabe nach. Sie gehen mit einem langen dünnen Stock bewaffnet durch die Reihen der Schüler und schlagen nach diesen. Nicht um zu verletzen. Nicht stark und auch nicht sehr schnell. Wenn der Schüler sich in der Gegenwart befindet und seine Gedanken gerade nicht abwesend sind, kann er das mitbekommen und zur Seite gehen oder den Schlag leicht parieren. Wenn nicht, ist das eine ganz klare Erinnerung daran, dass geistige Meisterschaft nur durch Gegenwärtigkeit entstehen kann.

Erinnerungen und Erlebnisse

In einer Studie (Daniel Kahnemann, 2012) bat man die Teilnehmer, anzugeben, wie viel diese bereit waren, für ihren Traumurlaub zu bezahlen. Im Anschluss wurde den Teilnehmern eine Frage gestellt:

„Wie viel wären Sie bereit, für diesen Urlaub auszugeben, wenn nach dem perfekten Traumurlaub alle Erinnerungen an diese Zeit gelöscht wären?"

Die Summe war bedeutend geringer, viele waren nicht einmal mehr bereit, überhaupt etwas dafür auszugeben, selbst geschenkt hätten viele abgelehnt.

In einer zweiten Runde wurden die Probanden vor eine rhetorische Frage gestellt. „Was würden Sie wählen? Einen perfekten Traumurlaub, an den Sie aber keine Erinnerungen im Nachgang haben werden, oder einen durchschnittlich schönen Urlaub mit Erinnerungen?"

Mehrheitlich ist die Entscheidung auf den durchschnittlichen Urlaub gefallen.

Ist das nicht sonderbar? Gerade noch haben wir uns darüber unterhalten, dass wahre Freude nur in der Gegenwart und nicht in der Vergangenheit stattfindet. Zumal spätestens mit dem Tod die Erinnerungen ohnehin keine Relevanz mehr haben werden. Dennoch scheinen uns Ereignisse ohne Erinnerung weniger wert zu sein, unabhängig davon, wie glücklich wir im Moment waren. Ursache dafür ist, dass wir zwei Arten des Bewusstseins haben. Wir haben das Gehirn bereits in zwei Systeme eingeteilt, dies ist nun auch beim Bewusstsein nötig. Sie verfügen nämlich über ein „erinnerndes Selbst" und ein „erlebendes Selbst". In unserer Gesellschaft hat das erinnernde Selbst zwar stark an Bedeutung gewonnen, doch wir empfehlen Ihnen, dieses so wenig wie möglich zu nutzen. Dafür müssen Sie allerdings erst einmal erkennen, welches der beiden „Ichs" gerade die Kontrolle hat, also ob Sie in der Vergangenheit oder in der Gegenwart sind.

Es gibt ein einfaches Mittel, um zu erkennen, ob gerade Ihr erinnerndes oder Ihr erlebendes Selbst aktiv ist. Sind Ihre Gedanken in Worte formuliert oder nehmen Sie einfach nur wahr? Wenn Sie beispielsweise einen Baum ansehen, denken Sie dann in Worten „Ich sehe diesen Baum" oder erfassen Sie diesen und wissen, was Sie sehen? Tatsächlich blocken Sie 95 % Ihrer geistigen Leistung, wenn Sie in Worten denken, was daran liegt, dass dieser Modus nur für das Auswerten der Vergangenheit und für das Planen der Zukunft gedacht ist. Wenn Sie diese innere Stimme zum Schweigen bringen wollen, gibt es ein paar einfache Taktiken, die Ihnen zwar nicht von Anfang an leichtfallen werden, die aber, sobald Gewohnheiten daraus geworden sind, durchschlagende Wirkung haben werden. Das Fundament all dieser Gewohnheiten ist Meditation. Nein, hier geht es nicht darum, sich hinzusetzen und bei Räucherstäbchen „Om" zu sagen. Lassen Sie uns im nächsten Kapitel also gemeinsam erkunden, wie Sie mehr Fokus auf das Jetzt richten können.

Meditation für Skeptiker

Lassen Sie uns zunächst einmal mit ein paar Klischees aufräumen. Einige Magazine und auch viele Kanäle haben vom Meditieren ein fast schon mythisches Bild gezeichnet. Das ist schade, denn so finden gerade rationale Menschen das Ganze oft einfach zu esoterisch. Dieses Kapitel soll Ihnen zeigen, dass es hier nicht darum geht, auf einem orangefarbenen Kissen zu sitzen und ein Ritual durchzuführen. Studien haben erwiesen, dass sich die Alterung des Gehirns durch regelmäßiges Meditieren verlangsamen lässt. Weiterhin gilt als gesichert, dass Stresspegel und Blutdruck sich auf ein gesundes Niveau hierdurch stabilisieren lassen. Der Hauptgrund aber, warum es einen Platz in diesem Buch gefunden hat, ist jedoch, dass es die Möglichkeit eröffnet, Kontrolle über die eigenen Gefühle zu entwickeln und die maximale Kapazität Ihres Gehirns zu nutzen.

Es gibt viele verschiedene Meditationstechniken. Für unsere Zwecke halten wir es aber für zielführender, dass Sie das System dahinter verstehen.

Unser Ziel in diesem Kapitel ist es nicht, Ihnen einen Fisch zu geben, vielmehr möchten wir Ihnen das Angeln beibringen.

Alle Meditationstechniken haben ein Ziel: die innere Stimme, die permanent Vergangenheit und mögliche Zukunft auswertet, zum Schweigen zu bringen, wenn der Fokus in der Gegenwart besser aufgehoben ist. In dem Moment, in dem Sie es schaffen, immer größere Teile Ihres Tages „wortlos" wahrzunehmen, werden vorher kaum geahnte geistige Kräfte freigesetzt. Das ist auch der Grund, wieso viele Menschen Meditation als bewusstseinserweiternd beschreiben.

Fangen wir an. Der Ort, an dem Sie meditieren, spielt keine Rolle, allerdings empfehlen wir Ihnen zu Beginn einen Ort, der wenig Ablenkungen mit sich bringt und frei von Störungen ist, wie beispielsweise Gegenstände, die Sie an noch nicht erledigte Aufgaben erinnern. Ansonsten kann es in jedem beliebigen Raum oder auch draußen bei einem Spaziergang sein.

Das Ziel bei einer Meditation ist Gedankenlosigkeit, denn genau dann, wenn das bewusste Denken schweigt, wird eine richtige Kaskade an Prozessen im Hintergrund verarbeitet. Erinnerungen werden verarbeitet, Lösungen für Probleme erscheinen wie von Geisterhand und Stress sowie innere Konflikte werden abgebaut. Stellen Sie es sich wie ein internes Reinigungsprogramm mit paralleler Abarbeitung aller offenen Prozesse vor. Um in diese Gedankenlosigkeit zu kommen, gibt es verschiedene Wege. Probieren Sie also die verschiedenen Techniken in diesem Kapitel aus und prüfen Sie, welche sich für Sie richtig und wirksam anfühlt.

Ein Weg ins volle Bewusstsein ist das reine Wahrnehmen des eigenen Körpers. Achten Sie ganz bewusst auf Ihre Atmung. Bei der sog. Vipassana-Meditation geht es beispielsweise darum, bewusst darauf zu achten, ob die ausgeatmete Luft wärmer ist als die eingeatmete. Um die Antwort auf diese Frage geht es gar nicht, aber durch den Fokus auf die eigene Atmung wird die Rechenleistung, die sonst zum Denken und Bewerten genutzt wird, auf den eigenen Körper gerichtet, sodass es leichter ist, sich von der inneren Stimme zu befreien. Es werden dennoch Gedanken durch Ihren Geist gleiten, Erinnerungen werden vor dem geistigen Auge aufpoppen. Nehmen Sie diese nur wahr und gehen Sie ihnen nicht nach. Bewerten Sie nicht, was da kommt. Bewerten ist ein Abgleich von Vergangenheit und Zukunft, was es Ihnen somit wieder schwerer machen würde, im Moment zu bleiben. Außerdem macht Bewerten weder glücklich noch schlauer. Führen Sie dies für mindestens zehn Minuten durch und Sie werden merken, dass Sie ein starker Tatendrang erfassen wird. Sie werden voller Ideen und Energie sein. Das ist dann auch oft der Punkt, an dem die meisten mit der Meditation aufhören und sich an neue Aufgaben schwingen. Sie haben dann zwar einen Energieschub erhalten, doch wenn Sie weitere zehn Minuten in diesem „Nichtstun" und „Nichtdenken" verharren, wird der Effekt immer stärker und stärker. Entscheiden Sie also selbst, was sich für Sie richtig anfühlt.

Wir wissen, dass es gerade am Anfang verlockend ist, Meditation als reinen Placebo abzutun und nach kurzer Zeit aufzuhören. In Seminaren merken wir aber, dass die meisten nicht aufhören wollen, weil es nichts bringt. Der wahre Grund ist vielmehr, dass die innere Stimme scheinbar wie besessen darum kämpft, aktiv zu bleiben. Wenn Sie sich auch den Tag über wie unter Dauerbeschallung vom inneren Dialog fühlen, so möchten wir Ihnen hier ein paar Bilder und Techniken vom auf diesem Gebiet unglaublich versierten Eckhart Tolle mit auf dem Weg geben.

Dass Sie ein erinnerndes und ein erlebendes Selbst haben, ist Ihnen bekannt. Das erinnernde Selbst kann auch als der „Ego-Verstand" bezeichnet werden. Denn leider ruft Ihr Ego nicht nur alte Erinnerungen auf, es vergleicht und bewertet auch permanent. Und wenn wir ehrlich sind, es ist dabei weder taktvoll noch liebenswürdig. Das hat eine ganz einfache Ursache, denn das Ego hat eigentlich nur eine Aufgabe: dafür zu sorgen, dass der Homo sapiens, in dem es installiert ist, nicht stirbt und sich fortpflanzt. Glücklich sein ist nicht im Programm. Echtes Glück ist Aufgabe des erlebenden Selbst, das in vielen Büchern auch als das „wahre Ich" bezeichnet wird. Die Mission des Egos ist es, uns zu beschützen, was uns auch lange Zeit gute Dienste geleistet hat. Doch durch diese Beschützeraufgabe versucht es auch dauerhaft aktiv zu sein. Sie werden merken, dass die Stimme des Egos bei der Meditation mit allen Mitteln versuchen wird, Sie zum Denken in Worten zu bringen, sei es über musikalische Ohrwürmer, plötzlich aufkommende Gedanken an Dinge, die Sie noch zu tun haben, und vieles anderes. Um Ihr Ego zum Schweigen zu bringen, gibt es aber zwei einfache Techniken. Wenn Sie diese einmal angewandt haben, werden Sie die Ruhe im Kopf lieben lernen, denn das ist nichts anderes als Flow auf Knopfdruck.

Wir haben in den vorherigen Sätzen das Ego wie eine Person behandelt und das hat auch einen Sinn. In dem Moment, in dem Sie die innere Stimme nicht mehr als Ihre eigene betrachten, sondern sich ganz bewusst von ihr abgrenzen, gewinnen Sie eine Menge Macht über Ihre Gedanken zurück. Seien Sie sich dessen klar: Sie sind nicht Ihre Gedanken! Ihre Gedanken werden Ihnen von einem System in Ihrem Gehirn gegeben, aber dieses System sind nicht Sie. Wenn also das nächste Mal Gedanken durch Ihren Kopf rauschen, beobachten Sie diese einfach wie ein externer Beobachter. Beobachten Sie Ihr Ego und die von ihm gesendeten Botschaften so, wie Sie ein kleines Kind beobachten würden, das gerade Unfug anstellt. Sie erhalten dadurch eine starke innere Gelassenheit, die auch nicht von unangenehmen Erinnerungen oder negativen Gedanken getrübt werden kann. Denn schließlich sind Sie nicht diese Gedanken. Wenn Sie beobachten, bewerten Sie aber nicht, denn in dem Moment, in dem Sie Dinge denken wie: „Was denke ich denn für einen Quatsch?", oder: „Das stimmt doch gar nicht!" meditieren Sie nicht, sondern denken.

Wenn Sie während Ihrer Meditation jedes Mal wieder in die Beobachterperspektive wechseln, wird es Ihnen sehr schnell sehr einfach fallen, sich frei zu machen.

Eine weitere, fast schon banal klingende Technik ist es, wenn Sie sich eine Frage stellen, die es Ihnen ermöglicht, Ihre Gedanken wie mit einem Knopf für eine kurze Zeit auszuschalten. Fragen Sie sich, was wohl Ihr nächster Gedanke sein wird. Das ist kein Witz! Durch diese an sich selbst gerichtete

Frage werden Sie eine kurze Zeit lang gar keinen Gedanken mehr haben. Sicherlich ist das keine Taktik, um dauerhaft für Ruhe zu sorgen, aber wenn der Strom des inneren Dialoges Ihnen einmal zu stark wird, sorgen Sie mit dieser einfachen Frage für einen Moment der Ruhe und des Fokus.

Unabhängig davon, wie Sie an das Thema Meditation herangehen, lassen Sie sich mit allen Schritten Zeit. Die innere Stimme wird vor allem dann aufdringlich, wenn Sie versuchen, sie für eine Zeit abzuschalten. Doch alle Mühe und alle Übung lohnen sich. Aus eigener Erfahrung können wir Ihnen sagen, dass es ein mächtiges Werkzeug ist, sich fast schon auf Knopfdruck in den Flow befördern zu können.

Werden Sie Herr Ihrer Gefühle

Mission dieses Kapitels ist es, Ihr Bewusstsein zu erhöhen, um mehr Ressourcen Ihres Geistes nutzen zu können. Ein wichtiger Schritt auf diesem Weg ist es, Kontrolle über die eigenen Gefühle zu haben. Egal ob Wut, Trauer, Frust oder Ungeduld – die Macht über die eigenen Gefühle ist ein wertvolles Werkzeug. Unerwünschte Gefühle kosten einfach zu viel Energie und Lebensfreude, als dass Sie sich ihnen hilflos ausliefern sollten. Wie schon im Kapitel über das Ego, ist es wichtig zu verstehen, dass Sie nicht Ihre Gefühle sind. Sie sind nicht wütend. Denn das würde Wut mental zu einem Teil von Ihnen machen, was Ihnen jeglichen Einfluss auf dieses Gefühl nimmt. Wenn Sie aber über die Einstellung verfügen, dass Sie nicht wütend sind, sondern dass Sie gerade Wut haben, ist ein erster relevanter Schritt getan. Das unerwünschte Gefühl wird nun aber weiter abgetrennt. Jedes Gefühl hat einen Auslöser und so lange der mental präsent ist, bleibt auch das Gefühl. Denn von den Botenstoffen und den Hormonen her bleibt jedes Gefühl nur ca. 90 Sekunden präsent. Lassen Sie sich diese Erkenntnis bitte noch einmal vor dem geistigen Auge klar werden. Nach eineinhalb Minuten ist es uns möglich, jeden Frust, jede Trauer, einfach alles abzulegen. Wenn da die Erinnerung nicht wäre, die das Gefühl dann erneut auslöst. Im nächsten Schritt trennen wir daher das reine Gefühl von seiner Ursache ab. Die Ursache wird dadurch zwar nicht verschwinden, aber sie löst in uns dadurch nichts Negatives mehr aus. Nehmen wir weiterhin Wut als Beispiel. Wenn Sie wütend sind, haben Sie ein Gefühl im Bauch, welches ich nicht beschreiben muss. Betrachten Sie dieses Gefühl nun komplett isoliert von der Geschichte, die es verursacht hat. Legen Sie den Fokus auf das, was rein körperlich in Ihnen vorgeht. Nun ist der nächste Schritt, dass Sie versuchen, exakt das, was Sie spüren, zu verstärken. Ja, Sie haben richtig gehört. Die Intuition sagt Ihnen, dass man gegen ein Gefühl ankämpfen kann, aber das ist nicht richtig. Wenn Sie irgendeine Regung unterdrücken wollen, wird das den gegenteiligen Effekt haben. Haben Sie schon einmal Wut heruntergeschluckt? Haben Sie schon einmal Gefühle unterdrückt? Das fühlt sich an wie Gift und es wirkt auch so. Unterdrückter Frust kann tatsächlich zu Magengeschwüren führen. Sie sehen also, dass es hier um mehr als nur geistige High Performance geht, dieses Wissen ist auch gesundheitlich relevant. Wenn Sie aber das Gefühl isoliert von seinem Auslöser verstärken, passiert etwas sehr Interessantes. Nach einer minimal leichten Verstärkung flaut alles ab. Je nachdem, wie geübt Sie mit dieser scheinbar einfachen Technik sind, reichen 30 Sekunden bis fünf Minuten aus. Danach wird es Ihnen nur noch mit Mühe möglich sein, die vorherige Wut, Trauer oder auch alles andere zu dieser Erinnerung zu spüren. Sicherlich, diese Technik funktioniert im Alltag fabelhaft. An dieser Stelle sei aber ausdrücklich erwähnt, dass es zur Selbsttherapie bei Traumata nicht geeignet ist, hier ist professionelle Hilfe der klügste Weg. Doch bei all den kleinen und großen emotionalen Herausforderungen des Alltags haben Sie mit der isolierten Verstärkung ein einfaches Werkzeug an der Hand, um nicht von Ihren Gefühlen gelenkt zu werden. Denken Sie daran, Sie sind nicht Ihre Gefühle, wenn dann sind die Gefühle kurze Zeit bei Ihnen zu Gast und verschwinden nach genauer Betrachtung und Verstärkung auch wieder.

Wie Sie mentaler Schmerz nicht mehr ablenkt

Kaum etwas kann einem den Fokus und den inneren Frieden mehr rauben, als das Zurückdenken an vergangenen Schmerz, an Unrecht, das Ihnen widerfahren ist. Wie ein Schatten können negative Gedanken sich über die eigene Wahrnehmung legen und dafür sorgen, dass Ihre Gedanken immer wieder abschweifen.

Dieses Kapitel hat die Aufgabe, dass Sie nicht nur keine Ablenkung mehr durch negative Gedanken abbekommen. Unser Ziel ist es auch, dafür zu sorgen, dass Sie mit den richtigen Techniken Schmerz und schlechte Emotionen in Freude und positive Emotionen umwandeln.

Unser Ziel darf nicht sein, Negatives in uns zu bekämpfen. Denn jedes Gefühl, gegen das Sie kämpfen, verstärken Sie dadurch nur umso mehr. Wenn wir Liebeskummer haben, führt der Versuch, den ehemaligen Partner zu vergessen, nur dazu, dass wir an genau diesen Menschen in genau diesem Moment denken. Das ist auch schon die erste wichtige Lektion. Bekämpfen Sie das scheinbar Schlechte nicht. Gehen Sie sogar so weit, es nicht als schlecht anzusehen. Denn jedes Gefühl hat nur die Mission, Ihnen etwas zu zeigen, wo Sie hinschauen dürfen. Angst, Wut, ja sogar Hass sind uralte Schutzprogramme, die uns als Menschheit im Laufe der Jahrtausende schon oft das Überleben gesichert haben.

Eckhart Tolle gibt an dieser Stelle eine Empfehlung, welche unseren Fokus und unsere Kontrolle über unsere Gefühle auf ein ganz neues Level gebracht hat. Sein Ratschlag: „Verstehen Sie, dass Sie nicht Ihr Schmerz sind." Dieser einfache Satz entfaltet beim genaueren Nachdenken eine enorme Durchschlagskraft. Denn in dem Moment, in dem Sie Emotionen getrennt von sich selbst wahrnehmen, sind Sie in der Lage, das Gefühl zu beobachten, ohne dass es Sie kontrolliert. Genau dieses Beobachten, welches in der Wissenschaft übrigens Meta-Ebene heißt, gibt Ihnen die Kontrolle zurück. Versuchen Sie es direkt einmal. In unserem inneren Dialog sagen wir uns selbst jeden Tag nicht nur nette Dinge. Wenn irgendeine innere Stimme Ihnen wieder einmal sagt, was denn alles nicht geht oder was Sie alles nicht können, dann kämpfen Sie nicht dagegen an. Lassen Sie den Gedanken mit allen Gefühlen, die daran hängen, einfach kommen. Bewerten Sie nicht, gehen Sie nicht mit, sondern beobachten Sie einfach nur.

Erinnern Sie sich noch an das Kapitel mit den zwei Systemen des Gehirns? Dieses Beobachten schaltet System 1, also unseren Energiesparmodus, auf Standby und sorgt dafür, dass Sie mit Ihrer gesamten geistigen Energie diese Emotionen verarbeiten können und gleichzeitig Lösungen finden. Dinge, für die es gerade keine Lösung gibt, können Sie, während ihr gesamtes Gehirn aktiv ist, außerdem viel einfacher akzeptieren.

Denn genau das ist die Abfolge, die Ihnen bei Problemen hilft: Ändern Sie, was Sie nicht akzeptieren können, und akzeptieren Sie, was Sie nicht ändern können.

Warum kann Sie überhaupt etwas verletzen?

Hat es schon einmal ein Mensch geschafft, Sie mit Worten zu treffen? Nicht schön, oder? Doch warum hat irgendjemand eigentlich die Macht, Ihnen Emotionen nur kraft seiner Worte einzupflanzen? In diesem Abschnitt geht es darum, hier ganz klar einen Riegel vorzuschieben, denn geistige High Performance bedeutet auch, dass Sie in jeder Situation einen kühlen Kopf behalten können und dass Sie Herrin oder Herr der Lage sind. Die alles entscheidende Frage zu Beginn ist eine Frage, die Sie sich auch immer wieder stellen sollten: „Warum reizt mich das?" oder: „Warum berührt mich das?"

Wenn Sie zu einem zwei Meter großen Mann rufen: „Hey, Zwergi, komm mal her!", wird dieser wahrscheinlich nur müde lächeln oder, je nach Kreativität, einen frechen Spruch sagen. Er weiß, dass Ihr Satz keine Wahrheit enthält, daher wird dieser Satz nicht treffen können. Wenn Sie aber einen Menschen, der nur 1,50 Meter groß ist, so ansprechen, können zwei Dinge passieren: Wenn der Mensch mit sich und seiner Körpergröße unzufrieden ist, wenn er sich insgeheim wünscht größer zu sein oder wenn er den Glaubenssatz hat, dass es schlecht ist, klein zu sein, dann haben Sie diesen Menschen soeben beleidigt. Er wird sich gekränkt fühlen. Wenn er aber mit sich im Reinen ist, können Sie ihn nicht mit einem solchen Satz treffen, auch er wird dann entweder nur müde lächeln oder kontern, wenn er wortgewandt ist. Sie sehen also, auch wenn die Äußerung sich auf die Körpergröße bezogen hat, der äußere Fakt spielt keine Rolle, ob eine Bemerkung oder ein Umstand jemanden verletzen kann. Dasselbe trifft auch auf Gewicht, Abschlüsse, Einkommen und jeden anderen Faktor in Ihrem Leben zu. Was kann also verletzen? Grundlegend kann Sie etwas nur treffen, wenn Sie von dem jeweiligen Menschen enttäuscht sind oder wenn eine Wahrheit angesprochen wird, mit der Sie noch nicht Ihren Frieden gemacht haben.

Doch auch die Enttäuschung ist nur eine Wahrheit, mit der Sie keinen Frieden haben, denn das Wort beinhaltet bereits, dass eine Täuschung aufgehoben wurde. Eine Täuschung, die Sie selbst hatten, denn das Problem ist nicht das Verhalten eines Menschen. Das Problem ist, dass Ihre Erwartungshaltung nicht mit der Realität übereinstimmt.

Wir laden sie daher ein, die Dinge ein wenig anders zu interpretieren. Das nächste Mal, wenn Sie sich getroffen oder gekränkt fühlen, empfehlen wir Ihnen, sich drei Fragen zu stellen.

„Warum trifft mich das?"

„Was habe ich anderes erwartet?"

„War diese Erwartung Teil des Problems?"

Sobald Sie sich diese Fragen zur Gewohnheit gemacht haben, wird Sie kaum noch etwas wütend machen können. Noch besser – die Dinge, die Sie zuvor wie ein Angriff getroffen haben, werden nun zu kostbaren Lektionen. Denn jedes Mal, wenn ein Kommentar es schafft, Sie zu treffen, ist das ein klarer Hinweis auf ein Thema, welches noch ein wenig Raum bekommen darf. Sowohl durch die in diesem Kapitel beschriebenen Gefühlstechniken als auch durch die Möglichkeiten der Programmierung Ihres Unterbewusstseins im nächsten Kapitel haben Sie Möglichkeiten, die noch schwachen Punkte zu bearbeiten. Solche Situationen werden Sie schon nach kurzer Übung als wertvollen Hinweis begreifen. Als einen Hinweis darauf, wo noch Wachstumspotenzial für Ihre Persönlichkeit besteht.

Das Gehirn programmieren

Wie Sie Ihr Gehirn umprogrammieren können

In diesem Kapitel geht es um Techniken des sogenannten neurolinguistischen Programmierens (kurz NLP). Neuro bedeutet, dass es um das Gehirn geht, linguistisch bezieht sich auf die Sprache und was Programmieren ist, verraten wir nicht.

Sprache, gesprochen und gedacht, ist ein mächtiges Instrument, welches in der Lage ist, Denkweisen und die Funktion des Gehirns umzuprogrammieren. Genau diesen Fakt macht sich dieses Kapitel zunutze. Sie werden lernen, wie Sie mit Hilfe von Sprachmustern und Gedankentechniken Zugang zur vollen Kapazität Ihres Gehirns erlangen und wie Sie nicht nur erreichen, was Sie wollen, sondern auch, wie Sie bestimmen, was Sie wollen, denn das ist wahre Freiheit. Frei ist nicht der, der tut, was er gerade will. Das ist keine Freiheit, dann ist man lediglich Sklave seiner Impulse und Gewohnheiten. Freiheit ist es, wenn Sie bewusst festlegen, was Sie wollen und dann Ihr Gehirn darauf programmieren. So schaffen Sie es auch viel einfacher, sich zu motivieren. Genauer gesagt, müssen Sie sich dann nicht mehr motivieren. Denn Motivation bedeutet nur, dass Sie sich zu Dingen durchringen, die Sie eigentlich nicht tun wollen. Das ist nicht das Ziel. Ziel ist es, dass Sie sich gar nicht mehr überwinden müssen, weil Sie Ihr Gehirn so gepolt haben, dass Sie sogar Energie aus den Dingen schöpfen, die Sie weiterbringen. Lassen Sie uns also auf eine Reise gehen, an deren Ende die Herrschaft über Ihr Unterbewusstsein steht.

Wie ein Wort das Leben verändern kann

Schon beim Lernen haben wir uns angeschaut, dass alles auf ein bestimmtes „Warum" ausgerichtet sein muss. Sonst kommen wir einfach nicht ins Handeln. Aber selbst wenn es ein „Warum" gibt, macht es einen gewaltigen Unterschied, wie dieses formuliert ist. Sie kennen bestimmt mindestens einen Menschen, der regelmäßig seine Ziele, die er sich zu Neujahr steckt, nicht erreicht. Das reine Vorhandensein von Zielen reicht also offensichtlich nicht aus. Unser Unterbewusstsein, das eigentliche „Ich", hat bedeutend mehr geistige Kraft als unser scheinbar bewusster Verstand.

Da kann es doch nur unser Ziel sein, richtig mit unserem leistungsstarken System zu arbeiten. Diesen Schlüssel halten Sie in einigen Seiten mit den Techniken des neurolinguistischen Programmierens in der Hand. Bevor wir die Techniken anwenden, bitte ich Sie aber, Ihre aktuellen Ziele einmal zu Papier zu bringen. Dieses Mal werden wir jedoch gemeinsam alles daran setzen, dass Ihre Ziele so formuliert sind, dass Sie vom Unterbewusstsein perfekt aufgenommen werden. Denn nur dann kann Motivation und Energie von innen heraus kommen. Nur dann ist es möglich, dass wir nicht mehr ins Suchen von Ausreden verfallen. Jemand, dem es entweder zu warm, zu kalt oder zu mittel ist, um morgens laufen zu gehen, hat sein Ziel nicht richtig formuliert.

Wenn die Motivation hingegen so stark ist, dass unabhängig von Wind und Wetter motiviert in die Schuhe gesprungen wird, dann funktioniert die Kommunikation im Oberstübchen. Oft reicht es aus, ein einziges Wort auszutauschen und schon können Sie einen Wunsch mit einem ganz anderen Energielevel angehen.

Achten Sie bei der Formulierung Ihrer Ziele künftig darauf, nach den folgenden Regeln zu formulieren, um alle Teile Ihres Gehirns anzusprechen.

Grundlegend empfehlen wir Ihnen jedes Ziel positiv zu formulieren, was zwar leicht klingt, aber in der Praxis viel zu oft übersehen wird. Sie wollen abnehmen? Dann ist die Formulierung „Speck weg" oder „Nicht mehr dick" hinderlich. Sie wissen bereits schon, dass unser Gehirn ein Problem mit dem Wort „nicht" hat. Doch bei negativen Zielen greift die Wirkung noch weiter. Denn unterbewusst will uns ein großer Teil unseres Gehirns vor unangenehmen Erlebnissen bewahren. Wenn wir nun ein negativ formuliertes Ziel vor uns sehen, löst das auf einer unterbewussten Ebene Abwehrreaktionen aus. Jemand der trainieren will, weil er sich schon vorstellt, wie gut er dann aussieht, denkt immer an etwas Positives, wenn es um das Trainieren geht. Wenn aber jemand mit dem Hintergrund ins Fitnessstudio geht, um sich nicht mehr schwach zu fühlen, so wird jedes Mal, wenn er auch nur in diese Richtung denkt, ein leichtes Unwohlsein aufkommen. Am besten malen Sie sich den Zustand, wie es sein wird, wenn Sie Ihr Ziel erreicht haben, schon in den schillerndsten Farben aus. Wenn Sie das tun, greift ein Mechanismus in unserem Gehirn, der sich kognitive Dissonanz nennt. Ein schönes Werkzeug, über das Sie in ein paar Seiten mehr lernen werden.

Wenn Sie Ziele definieren, dann setzen Sie damit Spielregeln fest, wann Ziele erreicht sind. Nach einem langen Lauf über die Ziellinie laufen ist ein Bild, das sicher positive Emotionen auslösen kann. Aber wie ein Esel immer der an unserem Rücken befestigten Karotte hinterherzulaufen, ist schon nicht mehr ganz so schön. Genau das passiert aber, wenn Sie sich Ziele setzen, welche aus dem Vergleich mit anderen münden. Setzen Sie sich niemals als Ziel, der oder die Beste zu sein. Vermeiden Sie außerdem auf jeden Fall, es sich als Wunsch zu setzen, besser als einer Ihrer Mitmenschen zu sein. Sie schieben damit einen großen Teil der Macht aus Ihrem Einflussbereich heraus. Denn auf die eigene Leistung haben Sie Einfluss, aber es kann nicht der Sinn sein, die eigenen Ziele einfacher zu erreichen, wenn ein anderer Mensch schlechter abschneidet. Erstens kann Ihr Gehirn auch diese Art von Ziel nicht wirklich verarbeiten. Zweitens wird Sie die Erfüllung von solchen Aufgaben nicht langfristig mit Freude erfüllen.

Versuchen Sie also nie besser als jemand anderes zu sein. Wenn Sie Ihren eigenen Weg gehen, wird Sie niemals jemand überholen können.

Wenn Sie weder negativ formulieren noch andere als Maßstab nehmen, haben Sie schon einen großen Schritt getan, um das Fundament für eine gezielte Programmierung Ihres Gehirns zu schaffen. Bei der Formulierung der Spielregeln gibt es aber noch ein wichtiges Kriterium, welches zwar sehr banal klingt, aber genau deswegen oft übersehen wird. Lassen Sie mich dieses Problem anhand einer Geschichte darstellen:

In einem meiner Seminare saß einmal ein, dem Anschein nach, sehr erfolgreicher Geschäftsmann. Als wir auf das Thema Ziele zu sprechen kamen, war er der Ansicht, dass er seine Ziele nie erreicht hat, in keinem der letzten Jahre. Er stellte sich selbst als Versager und als Nichtskönner dar. Diese Worte kamen von einem Mann, der in einem vorherigen Gespräch erzählte, dass er 150.000 € Einkommen pro Jahr bezieht und vier Sprachen fließend spricht. Doch diese Informationen spielten keine Rolle, denn der Mann spielte nach unfairen Regeln. Seine Ziele waren nämlich so formuliert, dass er es sich unmöglich gemacht hat, diese je zu erreichen. Versuchen Sie beispielsweise einmal das Ziel „So viel Geld wie möglich verdienen" zu erreichen. Es gibt hier schlicht keinen Endpunkt, somit wird jemand, der sich dieses Ziel gesetzt hat, auch niemals das Gefühl des Erfolges haben, welches mit dem Abschluss der Mission einhergeht. Mal ganz davon abgesehen, dass ab 5.000 € Monatsverdienst mehr Einkommen erwiesenermaßen nicht glücklicher macht. Aber das sei nur am Rande erwähnt. Aufgaben machen einen Menschen nur müde, wenn wir zu lange das Gefühl haben, diese mit uns herumzutragen. Müde machen uns nur Arbeiten, die wir liegen lassen. Doch jedes Ziel ohne Endpunkt ist eine Aufgabe, die wir im schlimmsten Falle über mehrere Jahre mitnehmen. Ein Stein in unserem Rucksack, der uns permanent Energie entzieht.

Daher empfehlen wir Ihnen, für alles, was Sie sich vornehmen, nicht nur einen Moment zu definieren, in dem Sie sich sagen können: „Ich habe es geschafft!" Wir empfehlen, weiterhin viele kleine Untermissionen zu definieren. Je mehr kleine Glücksmomente eine Aufgabe bereitstellt, desto einfacher fällt Ihnen die Durchführung. Das liegt daran, dass mit jedem Erfolg und sei er noch so klein, Serotonin in unserem Körper ausgeschüttet wird, ein Glückshormon. Dieses Glückshormon sorgt dafür, dass wir in unserem Gehirn mit jedem Mal eine Verbindung zwischen dieser Tätigkeit und einem Glücksgefühl aufbauen. Das ist übrigens auch der Grund, warum Social Media ein solches Suchtpotenzial hat. Jedes Mal, wenn ein neues Bild in den Feed rauscht, wird Dopamin freigesetzt. Mit jedem Mal, das Sie nach unten scrollen, wird die Verbindung stärker. Lassen Sie uns also diesen Mechanismus nutzen. Und wenn Sie Ihr großes Ziel in 15minütige Blöcke zerteilen, wäre das noch nicht einmal übertrieben, denn die Zeit, die Sie in die Planung investieren, holen Sie durch die erhöhte Leistung und die geringere Hemmschwelle, loszulegen, wieder heraus.

Aber auch das Unterteilen von Jahreszielen in Monatsziele, die Sie dann auf Wochen- und Tagesziele herunterbrechen, ist ein Werkzeug, das es Ihnen erlaubt, Aufgaben mit der maximalen Energie zu bearbeiten.

Gefährliche Ziele – Wenn Erfolg unglücklich macht

Wir haben oft die Erfahrung gemacht, dass beim Aufschreiben der Ziele viele Dinge schon bekannt sind. Da geht es los und die Liste ist oft schnell gefüllt. Viele Ziele verfolgen Sie vielleicht schon seit längerer Zeit, manche sind vielleicht sogar zu einem Teil von Ihnen geworden. Wir wollen Ihnen etwas über ein paar Menschen erzählen, die Ihre Ziele erreicht haben, sehr sehr große Ziele zum Teil. Doch scheinbar wurden diese Menschen dadurch nicht wirklich glücklich. Gerade bei Zielen, die Jahre oder gar Jahrzehnte der Arbeit erfordern, ist es sinnvoll, noch einmal genauer hinzuschauen. Lassen Sie uns nun aber in die Geschichten dreier unterschiedlicher Menschen schauen.

DIE LIEBE ZUM SPIEL

Boris Becker, einer der bekanntesten deutschen Tennisspieler, sagte frei übersetzt einmal:

Es ist wunderbar zu gewinnen,
die Niederlage kann ich ertragen,
aber am meisten liebe ich das Spiel.

Ein Satz, der von einer großen Liebe, einer Passion für das Tennisspiel zeugt. Ein Satz, der zeigt, dass hier wohl jemand seine Bestimmung gefunden hat. Wie groß müssen die Glücksgefühle gewesen sein, als dieser Mann erstmalig das Turnier in Wimbledon, dem Mekka der Tennisspieler gewonnen hat? Jemand, der seinen Sport derart liebt, jemand, der nur darauf hinlebt, sein Spiel zu perfektionieren, müsste hier das große Glück finden können. Doch kurz nach der Preisverleihung verließ Boris Becker eilenden Schrittes das Stadion und wurde wenig später weinend auf einer Parkbank am Fluss gefunden. Denn die Erkenntnis, dass dieser Tag der Höhepunkt seiner Tenniskarriere war, brachte noch eine weitere bittere Erkenntnis mit sich. Wenn das der Höhepunkt war, kann es ab jetzt nur noch bergab gehen. Als weltbester Tennisspieler war sein Spiel, sein Lebensinhalt "durchgespielt". Was nun?

MIT HIGHSPEED ZUM ERFOLG

Der wohl erfolgreichste Formel-1-Pilot war Michael Schumacher. Mit sieben Weltmeistertiteln ist seine Leistung als Rennfahrer nur schwer zu toppen. Jahrelang war sein Name bei jedem bekannt, unabhängig davon, ob Interesse für Rennsport vorhanden war oder nicht. Bei einer Preisverleihung kam ein Reporter auf Schumacher zu, der gerade dabei war, eine Flasche Champagner zu öffnen. Er stellte ihm eine Frage, die die Stimmung innerhalb von Sekunden ändern sollte: „Herr Schumacher, Sie haben mehr Weltmeistertitel als jeder andere errungen. Wahrscheinlich sogar mehr, als je irgendjemand wieder erringen wird. So wie es aussieht, sind Sie der erfolgreichste Rennfahrer aller Zeiten. Wie fühlen Sie sich damit?" Die Antwort von Schumacher ist leider nicht mehr aufzufinden, aber sehr wohl die Auswirkung der Frage. Denn die Champagnerflasche öffnete die Formel-1-Legende unter Tränen der Trauer. Ihm wurde bewusst, dass er wahrscheinlich keinen würdigen Gegner finden würde. Welche Freude bringt ein achter Weltmeistertitel, wenn man schon sieben hat?

ERST BRACHTE ER SEINE FANS ZUM SCHREIEN, SPÄTER SEINE SEELE

Aus Sicht der persönlichen Entwicklung ist Justin Bieber eine sehr interessante Figur. Es soll an dieser Stelle weder um seine Musik, die Texte der Lieder noch um sein öffentliches Auftreten gehen. Wie Sie hierzu stehen, ist Ihrem Geschmack überlassen. Als Musiker erhielt er unzählige Gold- und Platinschallplatten. Euphorische, ja fast schon fanatische Fans erwarteten Ihn überall, wo er erschien. Also ein scheinbar erfolgreiches Leben, in dem es ein Leichtes ist, glücklich zu sein. Betrachten wir das Ganze einmal genauer. Wir haben vor einiger Zeit einen Artikel gelesen, der etwas behandelte, was eigentlich kaum erwähnenswert ist, wenn ein „normaler" Mensch es tut, nämlich das Kaufen einer Jeans. Der amerikanische Schreiber des Artikels war gerade beim Einkaufen in einem Bekleidungsgeschäft, als er einen lauten Ruf durch das ganze Geschäft hörte: „Das ist doch Justin Bieber!" Keine zehn Sekunden später bildete sich um den Prominenten ein Kreis aus Menschen, der Großteil davon versuchte mit erhobenen Handys einen Schnappschuss zu erhaschen. Wie ein Tier im Zoo war der arme Mann von Schaulustigen eingekreist, denen es gar nicht um den Menschen, sondern um eine Attraktion ging. Ist es wirklich Erfolg, wenn es einem nicht einmal mehr vergönnt ist, ohne Security ein Bekleidungsgeschäft zu betreten? Seien Sie also vorsichtig, was Sie sich wünschen. Es könnte mit allen damit verbundenen Folgen in Erfüllung gehen.

DER SCHRITT, DEN SIE AUF GAR KEINEN FALL AUSLASSEN SOLLTEN

Alle drei Geschichten beinhalten einige zentrale Lehren, die dem eigenen Leben viel Schmerz und Enttäuschung nehmen können. Denn wenn ein paar Tage aktives Nachdenken über die eigenen Ziele Ihnen verschwendete Jahre und Enttäuschung ersparen können, dann ist diese Zeit doch definitiv gut angelegt. Viel zu oft verfolgen Menschen langfristig Ziele, ohne sich eine alles entscheidende Frage zu stellen. Die Frage lautet: „Und was dann?" Was wird passieren, wenn Ihr Ziel erreicht wurde? Was wird danach anders sein? In einem Coaching teilte mir mein Gegenüber einmal mit, dass sie, wenn sie erfolgreich ist, allen, die damals nicht an sie geglaubt haben, zeigen will, was sie hat. Meinen Sie, dass die Dame glücklich sein wird, wenn Sie dieses Ziel erreicht hat? Hier liegen gleich beide der Hauptprobleme vor, die beim Ziele setzen auftreten können.

Es wurde ein Moment als Ziel definiert. In dem Moment, wenn Sie einen Tag oder einen Augenblick in Ihrem Geist als Ziel definieren, werden Sie diesen immer wieder durchspielen. Bei jedem Mal stellen Sie es sich schöner und schöner vor. Allerdings kann die Realität niemals mit solchen optimal dargestellten Momenten mithalten. Das ist auch ein Problem von Traumhochzeiten. Je genauer Ihre Vorstellung von der perfekten Hochzeit ist, desto schwieriger wird dieser Tag es haben, Sie zu begeistern. Im besten Falle tritt alles so ein, wie Sie es geplant haben. Dann wurde Ihre Erwartung erfüllt, aber glücklich wird Sie das eher nicht machen. Wenn aber nur kleine Details nicht so laufen, wie Sie es sich erträumen, wird eine vielleicht dennoch schöne Hochzeit unter den Erwartungen bleiben. „Ich habe mir das ganz anders vorgestellt", könnte dann ein Satz sein, den Sie sich selbst sagen. Der perfekte Zeithorizont für Ziele sind veränderte Lebensumstände. Wenn Sie sich wünschen, mehr Zeit zu haben, wird das Erreichen Sie an jedem weiteren Tag glücklich machen können. Noch besser ist allerdings, wenn Sie nicht das „Haben" als Ziel setzen, sondern das „Sein". Wenn Sie anstreben etwas zu haben, ist die Freude immer beschränkt und vergänglich, da Gegenstände nur kurz zufriedenstellen und später das Verlangen nach mehr aufkommen wird. Der Geschäftsmann, der sich ein großes Auto ermöglicht hat, wird bis zu einem halben Jahr tatsächlich glücklich sein. Danach ist es aber „halt sein Auto", es ist Teil des Alltags und er nimmt kaum einen Unterschied wahr. Das beweist eine interessante Studie (Dobelli, 2017), in der die Fahrer von hochwertigen Fahrzeugen und die Fahrer von preiswerten Gefährten befragt wurden. Ihnen wurden zwei Fragen gestellt.

„Wie gern mögen Sie Ihr Auto?"

„Wie viel Freude haben Sie am Autofahren?"

Bei der ersten Frage gab es zwar einen kleinen Unterschied in die Richtung, dass die Fahrer von Luxusautos ihr Auto lieber mochten, aber der war nicht sehr stark. Bei der zweiten Frage hingegen war kein Unterschied festzustellen. Das tägliche Zur-Arbeit-Pendeln, Im-Stau-Stehen oder die Fahrt zu Terminen wird nicht wesentlich schöner durch ein anderes Fahrzeug.

Somit scheinen Gegenstände also nur bedingt tauglich zum Aufbauen von Lebensfreude geeignet zu sein. Bleiben wir bei dem Beispiel mit dem Fahrzeug, mit dem die einzelnen Termine abgefahren werden müssen. Ein Seminarteilnehmer erzählte mir einmal, dass er sich ein neues Auto kaufen wolle, da er so viel fahren müsse wegen seiner vielen Termine. Was meinen Sie, macht ihn glücklicher? Ein besseres Auto, welches Kosten verursacht, die erarbeitet werden müssen, oder eine zeitliche Reduzierung seiner Termine, sodass er weniger fahren muss? Durch das gesparte Geld ist es ihm vielleicht möglich, seine Arbeitszeit zu reduzieren, ein Vorteil, der seinen Effekt auf die Lebensfreude nicht mit der Zeit verliert.

Doch nicht nur „Haben"-Ziele können gefährlich sein, noch gefährlicher ist es, wenn Sie Ziele verfolgen, die nie Ihre eigenen waren. In dem Moment, in dem Sie auf die „Und was dann?"-Frage in irgendeiner Form eine Antwort geben, die mit einem anderen Menschen zu tun hat, sollten Sie dieses Ziel aufs schärfste hinterfragen. Ziele, die Sie sich setzen, um andere stolz zu machen, um andere zu beeindrucken oder um andere für sich zu gewinnen, werden im Endeffekt niemanden glücklich machen. So viele Söhne und Töchter von Unternehmern haben das Geschäft der Eltern übernommen, um die Familientradition zu wahren und das, obwohl dieses Unternehmen für Sie mehr wie eine Kette am Bein als ein Geschenk war. Doch um die eigenen Eltern nicht zu enttäuschen, sondern um sie stolz zu machen, nahmen sie die Bürde auf sich. Doch ist der Stolz von anderen Menschen wirklich eine lebenslange Bürde wert?

Kognitive Dissonanz – Ihr bester Freund und schlimmster Feind

Gleich vorab – unsere Erinnerungen sind kein Tatsachenbericht. Ganz im Gegenteil, in vielen Fällen schnappt sich unser Speicher einzelne Datensätze und baut diese Jahre später im Nachgang noch mal um. Denn unser Gehirn kann nur in Geschichten effizient speichern. Wenn jetzt ein Fakt eingespeichert wird, der nicht in diese Geschichte passt oder dieser Fakt die Geschichte so verändert, dass der Gehirnbesitzer nicht mehr der Held in der Geschichte ist, dann muss da etwas passieren. Denn nichts ist für den menschlichen Verstand schlimmer, als eine nicht schlüssige Geschichte. Um diese unangenehme Situation aufzulösen, nehmen wir es unterbewusst nicht ganz genau mit der Wahrheit. Das passiert so unauffällig, dass wir die Änderung gar nicht merken. Es werden nur Nuancen geändert. Nun haben wir zwei Möglichkeiten: entweder wir nehmen diesen unveränderlichen Teil der menschlichen Psyche kritisch und negativ wahr. Oder wir nutzen diesen Umstand, den man übrigens kognitive Dissonanz nennt, für uns.

Dass über 90 % der geistigen Leistung im Unterbewusstsein erbracht werden, wissen Sie bereits. In dem Moment, in dem die Geschichte im Gehirn nicht mit der Realität vereinbar ist und diese nicht geändert werden kann, werden gewaltige Mengen an Energie im Unterbewusstsein frei. Wenn es Ihnen also gelingt, eine Geschichte in Ihrem Gehirn zu speichern, welche erzählt, was Sie sich wünschen, und diese Geschichte noch nicht mit der Realität übereinstimmt, dann werden die Kräfte des Unterbewusstseins frei. Klingt kompliziert? Ist es aber nicht. Denn unser Gehirn kann nicht unterscheiden, ob ein eingespeicherter Fakt echt oder erfunden ist. Eine Lüge, die wir oft genug hören, wird so zur Wahrheit. Und wenn diese Wahrheit eben nicht mit der Realität übereinstimmt, versucht unser Unterbewusstsein lieber die Realität anzupassen als den gespeicherten Datensatz.

Die neue Geschichte bekommen Sie durch wiederholten Input in Ihren Verstand. Eine bewährte Technik ist das Visualisieren. Hierbei wird das Ergebnis, das hinter Ihren Zielen steht, an einem gut sichtbaren Punkt Ihrer Wohnung optisch dargestellt. Sie wollen mehr Geld anhäufen? Dann ist ein Bild von Ihnen mit allen gewünschten Reichtümern eine Möglichkeit. Sie wollen ein bestimmtes Auto? Dann platzieren Sie ein Bild der gewünschten Karosserie. Je häufiger Sie Ihrem Gehirn vorgaukeln, dass Sie Ihr Ziel schon erreicht haben, desto stärker wird die Spannung zwischen Realität und eingespeicherter Realität. Und desto mehr gute Ideen und mehr Energie werden in Ihren Geist strömen. Der einfachste Weg ist hier, wenn Sie sich eine günstige Pinnwand beschaffen und dann einen Nachmittag kreativ Ihre Ziele darstellen. Hängen Sie Ihr ganz persönliches Kunstwerk dann so auf, dass Sie gar nicht anders können, als es immer wieder unterbewusst wahrzunehmen. Da wir ohnehin alles aufnehmen, kommen auch diese Inhalte in unseren Speicher.

Zu dem vorher gewählten Beispiel mit dem Auto muss ich aber noch eine Warnung aussprechen. Denken Sie jedes Ziel zu Ende. Die meisten materiellen Ziele machen nicht wirklich glücklich und oft sind auch die wahren Gründe, warum wir diesen Gegenstand wollen, gar nicht unser eigener Wille. Wenn Sie aber nur Freude spüren, wenn Sie sich vorstellen, ein materielles Ziel zu erreichen, ist dieses dennoch legitim.

Es gibt allerdings nicht nur für die visuellen Menschen Möglichkeiten, um kognitive Dissonanz zu nutzen.

Wenn Sie eher ein auditiver Mensch sind, machen Sie sich eine Tondatei, in der Sie sich erzählen, welche Eigenschaften und Ziele Sie schon erreicht haben. Das erzeugt am Anfang starke Widerstände, aber die Vorteile lohnen sich wirklich. Erstens können Sie bereits nach einer Woche ohne negative Gefühle die eigene Stimme in einer Aufnahme hören. Zweitens programmieren Sie so nach und nach eine kognitive Dissonanz bei sich ein, die es Ihnen leichter macht, Fokus und Energie in Ihre Ziele zu geben. Wenn es Ihnen absolut nicht behagt, sich selbst positive Dinge einzusprechen, dann können Sie auf YouTube nach „Affirmationen" suchen. Affirmationen sind genau diese Form der Selbstprogrammierung, welche Ihrem Gehirn einen Grund zum Handeln geben. Hier können Sie aus einer breiten Auswahl die Glaubenssätze wählen, welche es Ihnen am leichtesten machen werden, Ihre Ziele zu erreichen.

Mentale Ressourcen

Bei der Kunst des neurolinguistischen Programmierens gibt es für jedes Ziel nötige Ressourcen, also das, was dringend nötig ist, um Ihr Ziel zu erreichen. Ein großer Fehler wäre es hier übrigens, Geld, Ansehen oder irgendetwas außerhalb von Ihnen selbst als Ressource zu bezeichnen. Denn so entgehen Ihnen nicht nur die besten Ideen, wie wir gleich sehen werden. In dem Moment, in dem wir etwas außerhalb von uns selbst als wichtig für unsere Ziele sehen, geht unser Geist in den Energiesparmodus, was dieses Ziel angeht. Tony Robbins pflegt hierzu einen einfachen Satz zu sagen, der aber das Thema auf den Punkt bringt: It's all in you.

Schauen wir uns einfach zwei Geschichten an, um Ihnen die Macht von richtig aufgestellten Ressourcen zu zeigen.

Marc ist Geschäftsmann. Er kennt sein Ziel ganz klar. Er will so viel Zeit wie möglich in der Karibik beim Surfen verbringen. Marc hat auch einen Plan, wie er das schafft. Er macht eine Weiterbildung, um mehr zu verdienen und sich mehr Urlaub pro Jahr leisten zu können.

Klingt gut? Nicht wirklich. Denn Job, Urlaub und Geld sind externe Ressourcen und diese sind nur bedingt notwendig, um Marcs Ziel zu erreichen. Wenn er sich auf seine inneren Ressourcen verlässt, wird er auf ganz andere Möglichkeiten stoßen. Was hindert ihn daran in der Karibik zu leben? Die Lebenshaltungskosten außerhalb eines Hotels sind sogar geringer als in Deutschland. Was hindert ihn daran, Surflehrer zu werden? Dann kann er für seine Passion sogar noch Geld erhalten. Jetzt kommen die wahren Ressourcen ans Licht. In Wahrheit braucht er nämlich nicht Geld, sondern Mut und Veränderungsbereitschaft, um sein Ziel zu erreichen. Angeblich notwendige externe Faktoren vorzuschieben, ist hier nur eine nicht zu Ende gedachte Lösung, die auch nicht wirklich glücklich macht. Oder halten Sie ein Leben, in dem man 48 Wochen arbeitet, um vier schöne Wochen zu verbringen, für erstrebenswert? Eher nicht. Wir gehen deswegen so intensiv auf diese Gedankengänge ein, um eine häufige Falle der heutigen Zeit zu vermeiden. Denn sehr viele Menschen glauben, dass es nötig ist, ein Leben lang für ein erfülltes und erfolgreiches Leben zu arbeiten. Sobald aber Ihre Ziele klar sind, können Sie und Ihr Unterbewusstsein wirklich kluge und auch eigene Wege finden. Marc aus unserem Beispiel hätte, wenn er sich für die Arbeit als Geschäftsmann entscheidet, keine eigene Idee umgesetzt, sondern würde lediglich einen Weg, der ihm irgendwann einmal gezeigt wurde, imitieren.

Woran erkennen Sie, ob Sie gerade Ihrem eigenen Weg folgen oder ob Sie die falschen Ressourcen anhäufen?

Geld ist zwar wie ein Motor in unserer Gesellschaft und sollte als Grundlage auch nicht ignoriert werden. In dem Moment, in dem Sie aber Geld um seiner selbst wegen haben wollen, sollten Ihre Alarmglocken angehen. Auch wenn Sie das Bedürfnis haben, anderen Ihren Wohlstand über die verschiedensten Statusobjekte zu zeigen, sind Sie mit hoher Wahrscheinlichkeit gerade nicht dabei, Ihr wirkliches Ziel zu bearbeiten.

Gehen Sie in diesem Fall zurück zur Ursache. Warum wollen Sie mehr Geld? In den meisten europäischen Ländern ist es Selbstbetrug, zu sagen, dass Sie sich und andere ernähren müssen, denn das ist auch schon mit einem Teilzeitjob möglich, wenn man nicht gerade in einem der Ballungszentren lebt. Gehen Sie daher zu dem wahren Grund, warum Sie Geld oder Status wünschen. Was wollten Sie tun, bevor Sie ins Berufsleben gestartet sind? Was war Ihre Vorstellung von Ihrem künftigen Leben? Über solche Fragen kommen Sie zu den wahren Zielen und zu diesen können Sie dann die nötigen mentalen Ressourcen ermitteln. Mut ist übrigens fast immer dabei.

Glaube versetzt Berge, Glaube versetzt Gehirnzellen

Ein großer Teil unseres Handelns wird von Glaubenssätzen bestimmt. Das sind Programme, die tief in Ihrem Gehirn gespeichert sind. Diese dienen nicht nur dazu, Energie zu sparen, sondern auch, um Ihnen das, was wir „Intuition" nennen, zu ermöglichen. Glaubenssätze sind derart mächtig, dass wir oft gar nicht mitbekommen, wie sie unser ganzes Leben prägen. Ein Beispiel dafür ist das Thema Geld. In den meisten Kinderserien und Filmen werden wohlhabende Menschen oft als böse und gierig dargestellt. So kann es passieren, dass schon im Kindesalter unbewusst abgespeichert wird:

Reiche Menschen sind gierig.

Reiche Menschen sind die Bösen.

Reiche Menschen sind egoistisch.

Glaubenssätze sind also die Brille, durch die Sie die Welt sehen. Schon Albert Einstein hat festgestellt:

> *Gesunder Menschenverstand ist eigentlich nur eine Anhäufung von Vorurteilen, die man bis zum 18. Lebensjahr erworben hat.*

Verstehen Sie uns nicht falsch, Glaubenssätze sind nichts Schlechtes, wenn wir uns bewusst sind, dass es sie gibt. Aber stellen Sie sich einmal vor, Sie planen ein Vermögen anzuhäufen. Wenn sich nun bei Ihnen im Unterbewusstsein noch Glaubenssätze wie die oben genannten befinden, werden Sie zu der großen Zahl an Menschen gehören, die zu einer ganz ansehnlichen Menge an Geld kommt, dann aber ab einem bestimmten Punkt von starker Unzufriedenheit geplagt wird.

Viele Menschen werden erfolgreich und bleiben es. Viele andere werden erfolgreich und verfallen dann in Konsum, Exzesse mit Drogen oder Sex oder geben das Geld einfach für Dinge aus, von denen sie nach wenigen Tagen keinen Nutzen mehr ziehen. Diese Menschen sind nicht dumm oder leichtsinnig. Aber wir können mit unserem Bewusstsein niemals gegen das Unbewusstsein ankommen.

Wenn bei Ihnen im Unterbewusstsein negative Dinge eingespeichert sind, werden Sie Massen an Energie brauchen, um überhaupt ins Handeln zu kommen und noch mehr, um Ihr Erreichtes zu erhalten.

Glaubenssätze betreffen alle Lebensbereiche, nicht nur das Geld. Machen Sie einmal eine kleine, aber durchschlagende Inventur in Ihrem Gehirn. Vervollständigen Sie zehnmal den folgenden Satz. Achtung, wenn Ihnen nicht schmeichelhafte Dinge in den Sinn kommen, ist das nicht schlimm, sondern sogar gut, denn genau das sind die Punkte, an denen es sich lohnt, mit NLP-Techniken zu arbeiten.

Lassen Sie uns nun beginnen. Vervollständigen Sie den folgenden Satz zehnmal:

Ich bin...	Ich bin...
Ich bin...	Ich bin...
Ich bin...	Ich bin...
Ich bin...	Ich bin...
Ich bin...	Ich bin...

Wiederholungen dieser einfachen Übung in verschiedenen Stimmungen zu verschiedenen Tageszeiten werden unterschiedliche Resultate zutage fördern. Frauen empfehlen wir diese Übung vor allem in der Woche vor dem Einsetzen der Monatsblutung. Warum? Weil in dieser Woche hormonell dafür gesorgt ist, dass der innere Kritiker am lautesten ist.

Denn diese Glaubenssätze sind es, die Sie wirklich zurückhalten. Nur wenn Sie diese Übung zu jeder Tages- und Nachtzeit durchführen können, ohne Selbstkritik zu erhalten, ist es Ihnen möglich, alle Kapazitäten des Gehirns zu nutzen.

Denn in dem Moment, in dem Sie beispielsweise als Mann glauben, dass Sie kein guter Liebhaber sind, wird Ihr limbisches System keine Energie mehr darauf verwenden, daran etwas zu ändern. Denn wie Sie bereits wissen, will das limbische System vor allem Energie sparen. Studien haben übrigens ergeben, dass 80 % aller Rechenschwächen darauf zurückgehen, dass Schüler gesagt bekommen, dass sie nicht gut rechnen können. Dies wird zum Glaubenssatz. Warum sollte ein Kind nun Energie auf etwas geben, von dem eine Bezugsperson, ein Erwachsener, gesagt hat, dass es das ohnehin nicht kann? Durch die nicht mehr vorhandene Motivation zu üben, wird dann aus der vielleicht am Anfang falschen Aussage „Du kannst nicht rechnen" die Wahrheit, denn wer nicht mehr übt, kommt irgendwann wirklich nicht mehr mit. Wir glauben eben viel zu oft, was wir denken. So kann beispielsweise kein Abnehmplan funktionieren, wenn Sie irgendwo den Glaubenssatz haben, nicht schlank zu sein. Noch schlimmer ist es, wenn ein Programm bei Ihnen gespeichert ist, das Ihnen sagt: „Bei mir funktionieren die ganzen Diäten eh nicht." So ein Programm im Gehirn führt zu sehr vielen „Ich hab's doch gewusst"-Momenten.

Die Aufgabe dieses Kapitels war es, Ihnen zu verdeutlichen, wie mächtig Glaubenssätze sind und Ihnen ein Bewusstsein dafür zu geben, wo im Leben Glaubenssätze versteckt liegen. Im nächsten Kapitel werden wir Ihnen Techniken an die Hand geben, um Ihnen die Macht über Ihr Unterbewusstsein zu geben und wir werden Ihnen zeigen, wie sich Glaubenssätze umprogrammieren lassen.

Doch auf eine Gefahr wollen wir Sie noch hinweisen: Wenn Sie einen Glaubenssatz erkannt haben, ist es sinnvoll, zu hinterfragen, warum der sich in Ihr Bewusstsein eingeschlichen hat. Um beim Beispiel mit den gescheiterten Diäten zu bleiben, stellen wir die Frage: „Was hat man davon, wenn alle Diäten scheitern?" In manchen Freundeskreisen einen Spitznamen, den man vielleicht schon angenommen hat und eine Menge Aufmerksamkeit. Freunde, die einem immer die neuen Diättipps zeigen, weil sie es gut meinen. Das Unterbewusstsein ist oft tückisch. Wenn wir das Erhalten von Aufmerksamkeit an einen Glaubenssatz koppeln, verteidigen wir diesen oft, ohne dass er uns guttut.

Programmieren Sie Ihr Unterbewusstsein

Sie haben im letzten Kapitel erkannt, dass Glaubenssätze der Schlüssel zur Nutzung Ihrer kompletten geistigen Fähigkeiten sind. Es wäre also verschwendetes Potenzial, diese nicht so zu programmieren, dass Sie Ihren Zielen und Wünschen dienen.

Umso wichtiger ist es, dass Sie das, was Sie erreichen wollen, auch klar definiert haben. Im letzten Kapitel haben Sie eine Liste mit Glaubenssätzen, die es sich lohnt loszuwerden, gesammelt. Nehmen Sie sich nun von dieser Liste den, der Ihnen am häufigsten durch den Kopf geistert.

Um Ihnen eine Orientierung bei dem zu geben, was wir gleich tun werden, zeigen wir Ihnen hier auf, was der Ablauf bei dieser Spielart des NLP ist.

Glaubenssatz (alt) identifizieren
Ersatzglaubenssatz (neu) festlegen
Referenzerlebnisse für (alt) finden und abschwächen
Referenzerlebnisse für (neu) finden und verstärken

Es ist essenziell, dass Sie sich ein Ersatzprogramm überlegen, denn wie Sie bereits wissen, mag unser Gehirn keine Lücken und auch keinen Leerlauf. Wenn Sie also keine neue Füllung für die Lücke haben, welche entsteht, wenn Sie alten Ballast abwerfen, kommt das, was Sie loswerden wollen, sehr schnell wieder zu Ihnen zurück.

Wenn Sie beispielsweise Ihr Unterbewusstsein dazu bringen wollen, Ihnen nicht permanent Ausreden zu servieren, warum es heute wieder besser ist, keinen Sport zu machen, brauchen Sie einen Glaubenssatz, der Sie dazu bringt, Sport zu machen.

Wenn Sie sich selbst erziehen wollen, nach der Arbeit noch an großen Projekten zu arbeiten, müssen Sie sich selbst erzählen, dass Sie ein Mensch sind, der genau solche Dinge gern erledigt.

Im Folgenden erhalten Sie ein paar Beispiele, damit es Ihnen leichter fällt, Ihren Ersatzglaubenssatz zu definieren.

Ich bin unsportlich	→ wird zu	→ Ich bin diszipliniert
Ich bin ein dicker Mensch	→ wird zu	→ Ich achte auf meinen Körper
Wenn mein Partner X macht, werde ich wütend	→ wird zu	→ Ich bin ein gelassener Mensch. Mich bringt so schnell nichts aus der Ruhe.
Ich entspanne beim Fernsehen	→ wird zu	→ Das Erreichen meiner Ziele entspannt mich

Am Ende des Geldes ist noch so viel Monat übrig → wird zu → Ich gehe bewusst mit meinem Geld um.

Am Beispiel des letzten Satzes verdeutlichen wir Ihnen die Wirksamkeit in der Praxis. In dem Moment, in dem sich ein Mensch mit dem Glaubenssatz „Ich gehe bewusst mit meinem Geld um" identifiziert, wird dieser Gedanke immer dann hochkommen, wenn sich eine Chance bietet, Geld zu verschwenden. Somit sorgt dieser Glaubenssatz dafür, dass er nach einiger Zeit auch zur Realität wird.

Sie haben einen Gegenglaubenssatz formuliert? Sehr gut. Damit haben wir das nötige Material gesammelt.

Nehmen Sie nun Ihr altes Programm, welches Sie loswerden wollen.

Woher kommt dieser Glaube? Welches Erlebnis aus Ihrer Vergangenheit hat Sie dazu gebracht, diese Meinung anzunehmen? Eine kleine Warnung vorab, wenn dieses Ereignis mit einem Trauma verbunden ist, nutzen Sie bitte kein NLP. Bei traumatischen Erfahrungen ist professionelle Hilfe der richtige Weg, Selbsttherapie sollten Sie definitiv vermeiden.

Kehren Sie nun zu dieser Erinnerung zurück. Aber dieses Mal sind Sie nicht die Hauptfigur. Stellen Sie sich vor, das Ereignis würde auf einem Fernseher laufen. Sie sind nur der Beobachter. Schauen Sie sich ein wenig an, was passiert. Drehen Sie nun bei Ihrem gedanklichen Fernseher die Lautstärke so herunter, dass alle Stimmen und Geräusche kaum noch zu hören sind. Reduzieren Sie außerdem die Farben, sodass Ihr Erlebnis wie ein alter Schwarz-Weiß-Film aussieht. Gehen Sie nun in Gedanken vom Fernseher weg. Immer weiter und weiter. So lange, bis Sie in einem anderen Raum sind und weder etwas davon sehen noch hören.

Wenn Sie diese Übung regelmäßig wiederholen, schwächen Sie die Intensität, mit der diese Erinnerung auf Sie wirken kann, ab und das ist wichtig. Denn nur, wenn die alten Erinnerungen weniger stark wirken, können Sie Platz für Neues schaffen.

Doch wie anfangs schon erwähnt, reicht es nicht aus, einfach nur alte Referenzerlebnisse abzuschwächen. Es ist auch nötig, für unseren neuen Glaubenssatz Erlebnisse zu sammeln und diese zu verstärken.

Hierbei hilft Ihnen eine abendliche Gewohnheit. Wenn Sie beispielsweise das Ziel haben, besser mit Ihrem Körper umzugehen, stellen Sie sich jeden Abend zu einer Zeit, in der Sie fünf Minuten ungestört sind, einen Handywecker. Dieser soll Sie täglich daran erinnern, Ihren Glaubenssatz zu verstärken. Nehmen Sie sich ein kleines Notizbuch oder eine Notiz-App und notieren Sie, was Sie Ihrem Körper heute Gutes getan haben. Wenn Sie Ihren Umgang mit Geld verbessern wollen, notieren Sie Dinge, auf die Sie finanziell stolz sein können.

Anfangs werden Ihnen vielleicht nicht jeden Tag Dinge einfallen, aber das ist gar nicht schlimm. Nach ein paar Tagen wird Ihnen aber eine Veränderung in Ihrer Denkweise auffallen. Da Ihr Gehirn keine Lücken mag und auch keine Fragen, auf die es keine Antwort hat, werden Ihnen über den Tag verteilt plötzlich Situationen auffallen, bei denen Sie sich denken werden: „Hey, das schreibe ich heute Abend in mein Notizbuch."

Diese Übung hat gleich zwei Effekte:

Erstens sammeln Sie immer mehr Beweise für Ihr Unterbewusstsein, dass der neue Glaubenssatz stimmt. Mit jedem Mal, wenn Sie in dem sich stets füllenden Büchlein lesen, werden Sie mehr Gründe finden, warum Sie Ihre neue Wunscheigenschaft schon haben.

Zweitens programmieren Sie sich darauf, über den Tag nach Dingen zu suchen, die Ihnen gut gelingen. Den Zugewinn an Lebensqualität, den das mit sich bringt, können wir mit Worten gar nicht beschreiben. Es ist einfach ein gutes Gefühl, das eigene Selbstbewusstsein auf eine gesunde und nicht arrogante Art und Weise immer weiter aufzubauen und die eigene Selbstliebe und Selbstakzeptanz dadurch zu stärken.

Wenn Sie diese Techniken anwenden, achten Sie darauf, nicht mehr als zwei Glaubenssätze gleichzeitig umzuprogrammieren. Diese Programme sind tief in Ihrem Geist verankert und es hat oft Jahre gedauert, bis sie sich eingespielt haben. Daher ist es vermessen, eine sofortige Änderung innerhalb eines Tages zu erwarten. Lebensverändernde Wirkung ist aber nach zwei bis vier Wochen absolut realistisch. Geben Sie sich und den Veränderungen in Ihrem Leben also ruhig ein wenig Zeit.

Zweifel verschwinden lassen, bevor sie entstehen

Wenn Sie beginnen, größere Teile Ihres Bewusstseins zu nutzen und wenn sich alte Glaubensmuster ändern, kommen meist auch zwangsläufig Umschwünge im Leben dazu. Auch Ihr Umfeld wird realisieren, dass sich da etwas tut.

Wenn Sie nun aber damit beginnen, Ihr Handeln immer mehr an Ihre Ziele auszurichten, werden Sie irgendwann auch die ausgetretenen und Ihnen bekannten Pfade verlassen. Das ist nichts Schlimmes, ganz im Gegenteil, es ist etwas zutiefst Entspannendes. Erst wenn Sie Ihren eigenen Weg gehen, brauchen Sie sich keine Gedanken mehr machen, dass Sie irgendjemand überholt.

Allerdings wird auch der Punkt kommen, an dem Zweifel den Weg in Ihre Gedanken suchen werden – entweder eigene oder durch Fragen Ihrer Mitmenschen, die es zwar gut meinen mit Ihnen, aber dennoch Ihr weiteres Vorankommen mit so mancher Frage erschweren können.

Die Fragen an sich sind aber nie das Problem, sondern Ihr Umgang damit. Genau deshalb handelt dieses Kapitel vom Umgang mit Zweifeln. Erneut arbeiten wir mit einer Technik aus dem NLP.

Sie planen etwas, was Zweifel in Ihnen aufkommen lässt? Vielleicht träumen Sie von einem eigenen Buch, einer Selbstständigkeit mit einem kleinen Laden in der Fußgängerzone oder wollen sich einfach nur durchringen, mehr Personen des anderen Geschlechts anzusprechen. Das alles sind Dinge, die uns ganz schön unkomfortable Gefühle geben können. Wenn diese Gefühle jedoch einen Einfluss haben, hat das nichts mit Schicksal zu tun. Sie haben auch diesen Teil Ihres Bewusstseins in der Hand. Schauen wir uns gemeinsam also an, wie Sie Zweifel abmildern und wie Sie Sorgen, die Sie vom Handeln abhalten, nicht mehr aufkommen lassen.

Unser Gehirn ist nicht sonderlich gut darin, Dinge richtig zu bewerten. Wenn wir uns nicht mit den richtigen Gedanken in die richtigen Richtungen lenken, empfinden wir Angst vor Dingen, die im Nachgang gar nicht so schlimm waren.

Niemand stirbt davon, wenn er eine attraktive Person des anderen Geschlechts anspricht und eine Abfuhr kassiert, zumal ein Nicht-Ansprechen zum gleichen Resultat führt, nur eben ohne die Chance auf ein „Ja".

Wie so oft ist unser limbisches System schuld. Dieses Mal geht es aber nicht um das Sparen von Energie, sondern ums nackte Überleben. Das war damals in der Wildnis auch noch sinnvoll. Wenn wir ein Rascheln im Gebüsch wahrgenommen haben und panisch weggerannt sind, war das schlau. Denn wenn nichts im Gebüsch war und wir umsonst gerannt sind, ist nichts passiert. Wenn wir aber stehen geblieben wären und ein Säbelzahntiger wäre aus dem Gestrüpp gesprungen, wäre eines klar gewesen: In diesem Leben geben wir keine Gene mehr weiter.

Somit waren unsere Vorfahren nicht die neugierigen, die immer mal was Verrücktes ausprobieren. Unsere Vorfahren waren diejenigen, die im Zweifel lieber gekniffen haben.

Wenn wir nun jemanden sehen und beim Anblick dieser Person auch an das Weitergeben von Genen denken müssen, passiert nun ganz oft Folgendes: Wir lassen es. Die Lektion, die unser limbisches System daraus gezogen hat: Ich habe das nicht gemacht und lebe noch. Ich sollte das also auch beim nächsten Mal nicht machen. Keine gute Selbsterziehung.

Um unser Urzeitgehirn zu erziehen, gibt es aber eine einfache Technik, die komplett in Gedanken ausgeführt werden kann.

Visualisieren Sie sich das Wagnis, an das Sie sich nicht herantrauen, oder die Aufgabe, von der Sie ganz genau wissen, dass es Sie zwar Ihren Zielen näher bringt, sie aber dennoch viele Gründe haben, damit bis später zu warten.

Was könnte schiefgehen? Schreiben Sie alle möglichen Worst-Case-Szenarien auf. Achtung, diese Übung bringt weniger, wenn Sie sie im Kopf durchführen, wir brauchen hier beide Gehirnhälften und die Hand-Gehirn-Verknüpfung für den optimalen Effekt. Denn oft reicht es schon aus, dass die Sorgen während des Aufschreibens durch den rationalen Teil unseres Gehirns wandern. Dieses gibt dem limbischen System unterbewusst die Rückmeldung, dass keine Gefahr herrscht und die Hemmungen lassen nach.

Die Übung ist aber noch nicht vorbei. Bewerten Sie nun jedes der Worst-Case Szenarien auf einer Skala von eins bis zehn. Seien Sie hier aber realistisch. Wir haben in Coachings oft erlebt, dass mögliche Ereignisse viel zu schlimm bewertet wurden. Wenn Sie ein Ereignis sachlicher bewerten wollen, nehmen Sie noch zwei Vergleichsereignisse hinzu. Den eigenen Tod und eine schlimme, lebenslange Krankheit.

Nun passiert psychologisch nämlich etwas. War es vorher noch schlimm, vor einer Gruppe Menschen durch eine offene Abfuhr erniedrigt zu werden, wird diese Sorge im Vergleich zu wirklich einschneidenden Problemen plötzlich ganz klein werden. Doch wir sind noch nicht fertig.

In Gründercoachings kommt oft die Angst auf, dass man sich finanziell ruinieren kann. Diese Angst soll uns nun als Beispiel dienen. Gerade im deutschsprachigen Raum gibt es kein wirkliches „ruiniert". Selbst wenn das eigene Projekt Schulden in Millionenhöhe verursacht, was an sich schon unrealistisch ist, so ist das nicht das Ende des Lebens. Soziale Sicherungsnetze lassen hier niemanden ohne Wohnung und Essen auf der Strecke. Selbst die Schulden sind durch die Insolvenzmöglichkeit nach ein paar Jahren weg und man steht wieder bei null.

Die vorangegangenen Sätze waren eine Ausformulierung des schlimmstmöglichen Szenarios mit allen möglichen Folgen. Denn in dem Moment, in dem Sie Ihrem limbischen System klarmachen, dass Sie durch die Veränderungen in Ihrem Leben nicht in Lebensgefahr schweben, wird dieses auch aufhören, uns mit Zweifeln zu bombardieren.

Sie haben in diesem Kapitel gelernt, wie Sie verhältnismäßig einfach Herr Ihres Unterbewusstseins werden. Die Techniken sind sehr leicht anzuwenden, dadurch ist die Versuchung groß, sie nur halbherzig oder nur beim Lesen in Gedanken durchzuführen. Nehmen Sie sich aber wirklich die Zeit. Sie erhöhen so den Mehrwert, den Ihnen dieses Buch bieten kann, um ein Vielfaches.

Sprache des Erfolgs

Dass das menschliche Gehirn über Sprachmuster programmierbar ist, wissen Sie bereits. Allerdings lassen sich diese und viele andere Effekte noch steigern, wenn Sie die richtigen Worte und die richtigen mentalen Sprechmuster nutzen. In diesem Kapitel wird es nicht nur darum gehen, dass Sie mit sich selbst und anderen in der Sprache des Erfolges sprechen. Es wird auch um eine ganz andere Frage gehen. Eine Frage, die so banal klingt, aber eine gewaltige Durchschlagskraft entfaltet, wenn Sie ihr bewusst Aufmerksamkeit spenden. Was ist eigentlich Erfolg? Wir haben uns weiter vorn im Buch bereits über das Thema Ziele und deren Einfluss auf das limbische System unterhalten, doch Ziele sind nur eines von drei Puzzleteilen dessen, was von den meisten Philosophen und Wissenschaftlern als Erfolg bezeichnet wird. Denn alle Menschen auf dieser Welt vereint genau ein grundlegendes Bedürfnis, welches die Grundlage von allem ist, was wir tun, denken und wollen. Es ist das Bedürfnis, glücklich zu sein. Hier kommt nun die Sprache des Erfolges ins Spiel, denn wenn Erfolg aus Glück besteht, darf dieses Kapitel auch den Namen „Die Sprache des Glücks" tragen. Wir werden uns in diesem Kapitel also zunächst anschauen, was Menschen eigentlich glücklich macht und dann im Anschluss weitere Techniken betrachten, mit denen Sie genau das erreichen können. Denn in dem Moment, in dem ein Mensch glücklich ist, ist dauerhafter Flow und maximale geistige Leistung um ein Vielfaches einfacher möglich.

Was Menschen erfolgreich und glücklich macht

Unser Ziel in diesem Buch war und ist es, ohne lange Umschweife zu den wichtigen Inhalten zu kommen. Das soll auch hier so geschehen. Wenn man alle gängigen Bücher und eine ganze Menge Studien zusammenfasst, kommt man auf drei wesentliche Bestandteile von Glück:

1. Das konstante Verwirklichen eines Ihnen würdigen Zieles

2. Die Realität übersteigt Ihre Erwartungen

3. Sie leben in Einklang mit Ihren Werten

Das klingt zunächst einfach, doch sowohl im Kapitel über das Lernen als auch im Kapitel über das Programmieren des Gehirns haben Sie erfahren, dass eine scheinbar einfache Sache, wie das Setzen von Zielen, mit einigen Tücken daherkommt. Genauso ist es bei den eigenen Erwartungen und Werten. Über das Setzen von Zielen haben wir uns im vorherigen Kapitel schon viele Gedanken gemacht, daher wird dieser Punkt an dieser Stelle nicht nochmals aufgerollt. Punkt zwei und drei sollen hier im Fokus stehen.

ERWARTUNG UND REALITÄT

Wenn sich ein Drittel Ihres Glücks um Realität und Erwartung dreht, ist das eine gute Nachricht. Denn auch wenn Sie nicht immer Einfluss auf die Realität haben, so sind Ihre Erwartungen zu 100 % in Ihrem Machtbereich. Gleich vorab: Dieses Kapitel hat nicht Frugalismus, also das Herunterschrauben des eigenen Lebensstandards, als Ziel. Die Mission ist es hier vielmehr, dass Sie unter unveränderten oder besseren Lebensumständen ein höheres Maß an Freude und Dankbarkeit verspüren können. Dass diese Fähigkeit essenziell ist, zeigt eine groß angelegte Studie (Daniel Kahnemann, 2012), die sich Lottogewinner genauer angeschaut hat. Das Ziel dieser Studie war es, herauszufinden, in welchem Maß ein Lottogewinn die eigene Lebensfreude steigert. Die kurze und ernüchternde Antwort ist: Gar nicht. Sicherlich, in den ersten Monaten ist die Freude über den neuen Reichtum groß, aber nach spätestens drei Monaten zeigt sich eine klare Erkenntnis: Wer mit einem mittleren Vermögen nicht glücklich ist, kann es auch mit einem großen nicht sein. Nun, ein Lottogewinn ist unwahrscheinlich, dass ein Mensch aber die Fähigkeit erlernt, unabhängig von den äußeren Umständen Zufriedenheit zu verspüren und durch die dadurch erhöhten geistigen Kapazitäten sein Leben zu verbessern, dafür ist die Wahrscheinlichkeit hoch.

Wie an vielen anderen Stellen auch, tut uns Social Media an dieser Stelle mental leider gar keinen Gefallen. Denn in dem Moment, in dem Sie sich auf Pinterest oder Instagram die schönsten Reiseziele auf mit Photoshop optimierten Bildern ansehen, bauen Sie eine nicht erfüllbare Erwartung auf, denn die Bilder, die Sie in der Realität sehen, werden es schwer haben, mit über Stunden hinweg optimierten Fotos zu konkurrieren. Auch der Wechsel ist hier ein kritischer Faktor. Wenn Sie an einem Tag zehn Reiseziele im Netz sehen, in der Realität aber nun einmal immer nur eines in ein und demselben Moment besuchen können, ist auch das eine nicht erfüllbare Erwartung. Noch gefährlicher wird es, wenn der Vergleich auch körperlich wird. Das Netz konfrontiert uns schnell mit dem Glauben, dass die Menschheit nur aus Models und Schauspielern besteht, was natürlich sowohl die Partnersuche als auch die Bewertung des eigenen Körpers negativ beeinflussen kann.

Die Empfehlung soll an dieser Stelle kein kompletter Verzicht auf soziale Netzwerke sein.

Aber gerade wenn Sie mehrere dieser Portale nutzen, empfehlen wir Ihnen einen kleinen Selbstversuch. Notieren Sie sich, bevor Sie die Seite oder die App aufrufen, auf einer Skala von eins bis zehn Ihre Stimmung und Ihre Zufriedenheit mit sich und Ihrem aktuellen Leben. Wenn Sie die Seite schließen, wiederholen Sie das und vergleichen Sie die Zahlen. Führen Sie diesen Test an verschiedenen Tagen über eine Woche hinweg durch. Wenn das Resultat zu großen Teilen positiv war, spricht nichts dagegen, so weiterzumachen wie bisher. Aber wenn Sie in mehr als der Hälfte der Fälle die Seite mit weniger Zufriedenheit schließen, als Sie beim Öffnen verspürt haben, dann läuft hier elementar etwas schief. Denn dann investieren Sie kostbare Lebenszeit in eine Tätigkeit, die Sie noch nicht einmal zufriedenstellt.

Unabhängig von Ihrer Internetnutzung empfehlen wir Ihnen einen realistischen Optimismus. Pessimismus reduziert zwar alle Erwartungen auf ein Minimum, wodurch es die Realität nicht schwer hat, diese zu übertreffen. Aber ganz ehrlich, wir glauben nicht, dass dauerhafte geistige Miesmacherei ein Weg zu mehr Erfüllung sein kann. Es ist abgesichert bekannt, dass Optimismus bis zu einem bestimmten Grad positiven Einfluss auf die Qualität und Dauer von Partnerschaften, auf die eigene Karrierestufe und sogar auf die Lebenserwartung hat. Das ist auch schlüssig, denn jemand, der an die Möglichkeit von Erfolg glaubt, wird auch Dinge versuchen, die ein Pessimist gar nicht erst beginnt. So wird der Glaube, dass sich im Leben ohnehin nichts ändert, sehr schnell durch die eigene Untätigkeit zur selbsterfüllenden Prophezeiung. Mit einem realistischen Optimismus hingegen bremsen Sie übertriebene Erwartungen und setzen sich nicht dauerhaft den Bildern von Traumstränden und Traumkörpern aus. Sie behalten aber den Glauben, dass Sie die meisten Ihrer Ziele auch verwirklichen können, wenn Sie nur aktiv dranbleiben. Und durch das aktive Dranbleiben erhöhen Sie die Chance, dass dieser Glaube wahr wird.

WERTELISTE

So wichtig ein gutes Verhältnis zwischen Erwartungen und Realität auch ist, es ist nur ein Puzzlestück. Ein weiteres, welches wir für das wichtigste halten, ist das Handeln nach den eigenen Werten. Aber auch hier verbirgt sich eine Tücke. Im Buch „Qualityland" von Marc-Uwe Kling, das in einer stark digitalisierten Welt spielt, bittet die Hauptfigur einen alten Hacker darum, dass alle seine digitalen Profile bei allen Unternehmen auch wirklich abbilden, wer er ist. Der alte Mann fragt ihn daraufhin: "Wer bist du denn?" Auf diese Frage hat er keine Antwort. Denn so einfach diese Frage auch scheint – solange wir darauf keine klare Antwort geben können, wird es uns schwerfallen, bewusst alle Kraft in etwas zu geben und es wird uns auch schwerfallen mit uns und unserer Umgebung zufrieden zu sein. Wissen Sie, woran Sie jemanden erkennen, der sich mit dieser Frage schon bewusst oder unbewusst länger auseinandergesetzt hat? Diese Menschen erkennen Sie daran, dass sie schnell kluge Entscheidungen treffen, weil ihre Werte klar sind. Genau dieses Klären der eigenen Werte ist das Ziel dieses Kapitels. In dem Moment, in dem sich ein Mensch durch diese Übung klar geworden ist, wie die Prioritäten liegen, ist es plötzlich ein Leichtes, stets die richtigen Entscheidungen zu treffen. Denn selbst wenn etwas einmal zu Ihrem Nachteil verläuft, so werden Sie sich dabei dennoch gut fühlen, wenn Sie dabei im Rahmen Ihrer Werte gehandelt haben. Nehmen Sie sich also für die folgende Übung Zeit, die Sie vielfach wieder zurückbekommen werden.

Unser Charakter besteht aus Appetenz und Aversion. Appetenzwerte stehen für Dinge, die Sie an sich und anderen schätzen, Eigenschaften und Dinge, die Sie in Ihrem Leben gern haben oder gern haben wollen.

Aversion beschreibt Abneigung und stellt dar, was Sie an sich und Ihrem Umfeld abstößt. Ein Mensch, der etwas tut, was auf seiner Aversionsliste steht, wird nicht nur ein starkes Maß an Unzufriedenheit verspüren, es wird ihm außerdem unmöglich sein, seine geistige Energie auf diese Sache zu richten. Nun glauben wir zwar, dass wir intuitiv genau wissen, was bei uns in den beiden Kategorien eingeordnet ist, aber in dem Moment, in dem ich in Coachings diese Übung aufgebe, zeigt sich, dass es doch gar nicht so einfach ist, wie es scheint. Doch anstatt Ihnen zu erklären, warum sich hier einige Herausforderungen auftun, bitte ich Sie, sich einen Zettel und einen Stift zu nehmen und sich Gedanken über die folgende Frage zu machen:

Was sind meine zehn Appetenzwerte, was sind meine zehn Aversionen? Schreiben Sie sich Ihre persönliche Werteliste zusammen. Das Spannende daran ist, dass die Entscheidung für zehn Werte eine Entscheidung gegen alle anderen darstellt. Es gibt hier kein Richtig und kein Falsch, wichtig ist nur, dass Sie mit Ihrer Emotion und weniger mit Ihrem Verstand arbeiten. Welche Werte fühlen sich auf Ihrer persönlichen Liste richtig an?

Um Ihre Liste leichter erstellen zu können, haben wir Ihnen an dieser Stelle Eigenschaften hinterlegt, aus denen Sie auswählen können. Selbstverständlich können Sie eigene hinzufügen, diese hier dienen Ihnen lediglich als Inspiration.

Appetenz – Positives und Erstrebenswertes

Abenteuer, Abwechslung, Achtsamkeit, Arbeit, Ästhetik, Aufmerksamkeit, Aufrichtigkeit, Aktivität, Anerkennung, Akzeptanz, Austausch, authentisch sein, Autonomie, Balance von Arbeit und Freizeit, Balance von Geben und Nehmen, Balance von Sprechen und Zuhören, Balance von aktiv sein und ausruhen, Bewegung, Bewusstheit, Beständigkeit, Bildung, Bodenständigkeit, Besitz, Bewunderung, Bescheidenheit, Dankbarkeit, Disziplin, Dynamik, Energie, Echtheit, Effektivität, Ehrlichkeit, Einfachheit, Einfühlsamkeit, Engagement, Entspannung, Entwicklung, Erfolg, ernst genommen werden, Erotik, Feiern, Flexibilität, Freiheit, Freizeit, Freude bereiten, freundschaftlicher Umgang, Freundschaft, Frieden, Geborgenheit, gehört werden, Gemeinschaft, Gleichwertigkeit, Glück, Großzügigkeit, Harmonie, Herausforderung, Hilfsbereitschaft, Humor, Hygiene, Identität, Initiative, innerer Friede, Integrität, Inspiration, Klarheit, Konfliktfähigkeit, Kongruenz, Kontakt, Konzentration, Kraft, Kreativität, Lebensfreude, Lebenserhaltung, Liebe, Menschlichkeit, Mitgefühl, Mut, Nähe, Natürlichkeit, Offenheit, Optimismus, Orientierung, partnerschaftlicher Umgang, Privatsphäre, Raum für persönlichen Ausdruck, Respekt, Ruhe, Rücksichtnahme, Selbstbestimmung, Selbstrespekt, Selbstverantwortung, Selbstvertrauen, Selbstverwirklichung, Sicherheit, Sinn, Sinnhaftigkeit, Schutz, Umweltschutz, Sexualität, Spiritualität, Stärke, Solidarität, Sorgfalt, Stil, Stabilität, Struktur / Ordnung, Treue, Tatkraft, Toleranz, Unabhängigkeit, Verantwortlichkeit, Verbundenheit, Verständnis, Zuverlässigkeit, Wachstum, Wahrheit, Wandel, Weisheit, Wettkampf, Wissbegierde, Wärme, Weitblick, Wertschätzung, Wohlergehen, Zeit sinnvoll nutzen, Zärtlichkeit, Zufriedenheit, Zuneigung, Zusammenarbeit

Aversion – Negatives und Vermeidenswertes

affektiert ,gekünstelt, geziert, aggressiv, ambivalent, widersprüchlich, zwiespältig, angeberisch, anmaßend, arglistig, argwöhnisch, arrogant, aufdringlich, aufgeblasen, beratungsresistent, blasiert herablassend, überheblich, borniert, eingebildet, boshaft, cholerisch, reizbar, jähzornig, dekadent, demagogisch, hetzerisch, deprimiert, despotisch, distanziert, dogmatisch, dominant, dreist, egoistisch, egoman (krankhaft ichbezogen), egozentrisch, eifersüchtig, eigenmächtig, einfältig, eingebildet, einseitig, eitel, ekelerregend, elitär, fies, jähzornig, garstig, gefallsüchtig, gefrustet, gnädig, gönnerhaft, großkotzig, großspurig, großtuerisch, heimtückisch, herablassend, hinterhältig, hintertrieben, hochfahrend, hochmütig, hoffärtig, hoffnungslos, hysterisch, ignorant, infam, intrigant, kleinkariert, kompliziert, langweilig, lethargisch, lügnerisch, manipulativ, mutlos, naiv, narzisstisch, neurotisch, oberflächlich, pedantisch, phlegmatisch, protzig, reserviert, reserviert, resigniert, rücksichtslos, scheinheilig, schlampig, schuftig, selbstgefällig, selbstgerecht, selbstsüchtig, selbstverliebt, skrupellos, spießig, stur, überheblich, unbeweglich, ungeduldig, unnahbar, unsozial, unzugänglich, verbohrt, verlogen, vernagelt, verschlagen, versnobt, snobistisch, verstiegen, willkürlich, zynisch

Geistiger Fokus durch Prioritäten

Schon allein das Erstellen dieser Liste gibt Ihnen eine ganze Menge Einblicke in sich selbst. Doch der zweite Schritt wird nun nicht nur mehr Erkenntnisse für Sie, sondern auch einen noch höheren Anspruch mit sich bringen. Genau deswegen ist es auch so wichtig, dass Sie sich auch für diesen Teil die Zeit nehmen, die es in Anspruch nimmt, denn nur so können Sie den maximalen Mehrwert aus diesem Buch ziehen. Nun geht es darum, sowohl Ihre Appetenzwerte als auch Ihre Aversionen in die richtige Reihenfolge zu bringen. Was steht für Sie an Platz eins der Dinge, die Sie für erstrebenswert halten? Was an Platz zwei? Gleiches gilt für die Dinge, die weder in Ihrem Leben noch in Ihrem Charakter einen Platz haben. Warum das Ganze? In dem Moment, in dem die Reihenfolge Ihrer Prioritäten klar ist, sparen Sie eine ganze Menge mentale Energie. Kennen Sie das, wenn Ihr Verstand permanent alte Ereignisse erneut nach oben bringt und Ihnen dann zeigen will, wie man sich besser verhalten hätte, was man besser gesagt hätte? Dafür geht eine ganze Menge Rechenleistung drauf, bis zu 85 % Ihrer Gedanken können sich in harten Zeiten darum drehen. Diese Gedankengänge lenken Sie nicht nur von den wirklich wichtigen Dingen ab, die Sie sich bereits klargemacht haben. Viel schlimmer noch, diese Gedanken rauben zusätzlich zur Energie manchmal auch Ihre ungestörte Nachtruhe und Ihren Fokus im Alltag. Kurz, eine ganze Menge Freude geht so verloren. Das muss nicht sein und ist auch weitestgehend vermeidbar.

Natürlich ist es nicht unser Ziel, dass Sie damit aufhören, Ihre Vergangenheit zu reflektieren und daraus für die Zukunft zu lernen. Dieser Vorgang ist richtig und wichtig. Aber in dem Moment, in dem die innere Stimme zum destruktiven Kritiker wird, hat ein Werkzeug Ihres Geistes die Kontrolle übernommen. Wenn Sie nun aber eine klar definierte Reihenfolge zwischen Ihren einzelnen Werten und somit auch zwischen Ihren Handlungsmöglichkeiten haben, so fallen Ihnen Entscheidungen nur noch selten schwer. Denn Sie haben so im Vorfeld bereits Prioritäten definiert. Sie haben einmal geistige Energie aufgewandt und sparen durch diese Investition nun bei jeder sonst schweren Entscheidung mentale Energie. Das Beste daran ist, dass der innere Kritiker auch kaum noch destruktiv wird. Denn selbst wenn sich eine Entscheidung zu Ihrem Nachteil entwickelt, das Wissen, dass Sie Ihren Werten in diesem Moment treu geblieben sind, wird dafür sorgen, dass Sie dennoch Frieden mit Ihren Entscheidungen haben.

Das Sortieren wird Ihnen leichter fallen, wenn Sie nach folgender Systematik vorgehen: Stellen Sie zwei Worte, für die Sie sich im ersten Teil der Übung entschieden haben, gegenüber. Wenn Sie sich für eines entscheiden müssten, welches wäre es? Nehmen Sie das wichtigere und schreiben Sie es in einem Textdokument über das weniger wichtige.

Beispiel:

Ehrlichkeit und Verantwortung – was ist Ihnen wichtiger? Wenn es Verantwortung ist, stellen Sie es an die vorerst erste Stelle.

1. Verantwortung

2. Ehrlichkeit

Uns ist bewusst, dass die Entscheidung nicht immer leichtfällt. Hier emp-fehlen wir Ihnen eine Taktik, die schnell die richtigen Erkenntnisse aus Ihrem Unterbewusstsein herauskitzelt: Stellen Sie sich vor, Sie würden diese Liste später jemandem zeigen. Tatsächlich tun wir das bei länger-fristigen Geschäftsbeziehungen sogar. Bisher waren die Reaktionen stets positiv, denn das Kennen der Werte eines anderen Menschen erleich-tern Kommunikation und Zusammenarbeit ungemein. Wenn Sie Ihre Liste nun aber anderen Menschen zeigen, gewinnen diese Einblicke in Sie. Sie haben unterbewusst einen Wunsch, als welche Art Mensch Sie gelten wollen. Um diesen zu erhalten, werfen Sie für die beiden Werte, die Sie vergleichen wollen, eine Münze. Es kommt dabei nicht auf das Resultat des Münzwurfs an. Aber in der kurzen Zeit, in der die Münze in der Luft ist, werden Sie unterbewusst auf ein bestimmtes Resultat hoffen. Das ist Ihre Nummer Eins. Diese einfache Technik funktioniert übrigens in allen Lebensbereichen, in denen Sie eine Entscheidung treffen müssen, her-vorragend.

Sobald nun das erste Paar sortiert ist, folgen die weiteren. Nehmen wir an, Fleiß wäre Ihr dritter Wert. Nun ist die Frage: Ist Ihnen in unserem Beispiel Fleiß wichtiger als Verantwortung? Wenn ja, ist Fleiß der neue Platz eins. Wenn Ihnen die Verantwortung wichtiger ist, vergleichen Sie den Fleiß in unserem Beispiel mit dem zweiten Platz, der Ehrlichkeit. Ist Ihnen der Fleiß wichtiger als die Ehrlichkeit, so nimmt er den Platz zwei ein und verdrängt Ehrlichkeit auf Platz drei. Diesen Vorgang wiederholen Sie nun mit allen Appetenzen, die Sie sich notiert haben, denn so erhalten Sie eine Rang-liste Ihrer wichtigsten Werte. Gleiches führen Sie auch für die Aversionen durch, wobei hier der Platz eins von der Sache dominiert wird, die Sie auf gar keinen Fall in Ihrem Leben haben wollen.

Von der Theorie in die Umsetzung

Das reine Erstellen der Liste ist zwar mental und intellektuell interessant. Das Erstellen allein wird aber in Ihrem Leben und in Ihrer Macht, schnell hochwertige Entscheidungen zu treffen, nicht viel ändern. Erst wenn Sie die Liste verwenden, kann diese ihre volle Wirkung entfalten. Dass unser Gehirn alles passiv aufnimmt, ist Ihnen bereits bekannt. Dass diese Wundermaschine außerdem nicht nicht verarbeiten kann, wissen Sie auch. Somit liegt es nahe, uns diesen Mechanismus erneut zunutze zu machen. Wenn Sie die Werteliste über einen Zeitraum von einem halben Jahr oder länger an einem Ort platzieren, an dem sie ihre Wirkung entfalten kann, werden Sie im Nachgang feststellen, dass dieses einfache Stück Papier reale Änderungen an Ihrem äußeren und inneren Verhalten bewirken kann. Wenn Sie mit einfachen Bildbearbeitungsprogrammen umgehen können, empfehle ich eine Einbindung in den Desktophintergrund, beispielsweise als simple Liste in der Ecke. Wenn Sie einen gedruckten Terminplaner nutzen, ist die erste Seite die beste Position, alternativ können Sie sich eine beliebige App aussuchen, bei der Sie tägliche Erinnerungen setzen können, sodass Sie jeden Tag in Ihrer Benachrichtigungsleiste nur einen Klick von Ihrer Liste entfernt sind. Wichtig ist – wie so oft – nicht die Dauer. 30 Sekunden am Tag reichen schon voll und ganz aus. Wichtig ist die Häufigkeit. Wenn Sie über einen längeren Zeitraum hinweg täglich Ihre Wunschwerte sehen, wird Ihr Unterbewusstsein Sie, ohne dass Sie es merken, die richtigen Schritte ergreifen lassen.

In Beziehung, Ehe und in langfristigen Geschäftsbeziehungen empfehlen wir übrigens, dass beide Seiten sich über die eigenen Werte klar sind. Die Zeit, die Sie in diese Übung investieren, wiegt den gesparten Stress mehr als nur auf. Wir können aus eigener Erfahrung sagen, dass es der Beziehung wirklich guttut, die Werte und vor allem die Prioritäten der anderen Seite zu erkennen. Denn die Entscheidungen eines Menschen lösen nur dann negative Gefühle in uns aus, wenn wir nicht in der Lage sind, uns in die Gedankenwelt des anderen hineinzuversetzen. In dem Moment, in dem Sie eine Entscheidung aber zu 100 % verstehen, ist es Ihnen schon fast unmöglich, sich schlecht zu fühlen oder wütend zu werden. Eine gute Basis für jede zwischenmenschliche Beziehung.

Affirmationen – so wird die Welt, wie sie Ihnen gefällt

Dass unser innerer Glauben eine extreme Macht über unser Verhalten, unsere Gedanken und unsere Leistungsfähigkeit hat, haben Sie im letzten Kapitel bereits erfahren. Auf der Basis dieses Wissens, können Sie mit einer uralten Technik starke Veränderungen in Ihren Gedanken und in Ihrem unterbewussten Verhalten bewirken.

WAS SIE MIT DEM WERKZEUG „AFFIRMATIONEN" KÖNNEN UND WAS SIE DAMIT NICHT KÖNNEN

Affirmation ist ein hohes Wort für eine einfache Sache. Im Grunde ist es eine Liste von Sätzen, die Sie durch regelmäßige Wiederholung in Ihr Unterbewusstsein programmieren. Klingt unspektakulär, aber es ist der einfachste Weg, die innere Stimme mit den Dingen zu füttern, die Ihnen dienlich sind. Unterbewusst nutzen wir dies übrigens dauerhaft, wenn auch nicht immer zu unserem Vorteil. Immer dann, wenn Ihnen ein Satz oder ein Gedanke regelmäßig und immer wieder durch den Kopf geht, verstärken Sie diesen auch dadurch. So wird aus diesem Gedanken erst ein Denkmuster und irgendwann auch ein Verhaltensmuster. Einfacher lässt es sich mit einem Zitat von dem englischen Schriftsteller Charles Reade ausdrücken.

Achte auf Deine Gedanken, denn sie werden Worte.

Achte auf Deine Worte, denn sie werden Handlungen.

Achte auf Deine Handlungen, denn sie werden Gewohnheiten.

Achte auf Deine Gewohnheiten, denn sie werden Dein Charakter.

Achte auf Deinen Charakter, denn er wird Dein Schicksal.

Affirmationen haben die Aufgabe, bestimmte Sätze bewusst zu platzieren. Sie dienen also dazu, neue Glaubenssätze aufzubauen und bereits vorhandene positive Glaubenssätze zu verstärken. Denn wie aus dem Zitat hervorgeht, können alle Veränderungen nur auf Gedankenebene beginnen und sich von dort aus weiterentwickeln.

Einiges haben wir jedoch in vielen Erfolgsbüchern gelesen und nicht für gut befunden und genau das möchten wir mit Ihnen teilen. Ja, Affirmationen können über einen längeren Zeitraum Denkmuster und Handlungsweisen verändern. Ja, es ist möglich sich auf Erfolg, Selbstbewusstsein und auch nahezu jede andere Eigenschaft zu programmieren. Aber das allein wird niemals ausreichen. Nur weil Sie sich selbst sagen, dass Sie reich sind, wird das allein Ihren Kontostand nicht ändern. Sicherlich, der Glaubenssatz, dass Sie ein reicher Mensch sind, ist hilfreich. Aber der Glaube allein ist nicht der Hauptpunkt. Er ist lediglich ein Startpunkt und ein Weg, die Energien Ihres Unterbewusstseins in gezielte Bahnen zu lenken. Aber das allein ist schon ein sehr mächtiges Werkzeug.

BEISPIELAFFIRMATION FÜR EIN BESSERES SELBSTBEWUSSTSEIN

Bevor wir Ihnen erklären, wie Sie sich auf Ihre Ziele gerichtete Affirmationen selbst aufbauen können, zeigen wir Ihnen ganz konkret an einem praktischen Beispiel, wie das Ganze aussieht, wenn es fertig und geschliffen ist. Das Ziel ist hier, das Selbstbewusstsein aufzubauen.

Ich bin erfolgreich in allem, was ich tue.
Ich vertraue mir.
Ich kann alles tun, was ich mir vorstelle.
Ich bin einfallsreich und kreativ.
Ich erreiche alles, was ich anstrebe.
Ich bin großartig.
Ich bin ein Gewinner.
Ich bin voller Energie.
Ich liebe mich selbst.

Ich lerne gern und schnell.

Ich habe Frieden und bin tief entspannt.

Ich bin voller Dankbarkeit.

Ich ziehe Positives an.

Ich bestimme über mein Leben.

Der heutige Tag ist ein Geschenk.

Ich vertraue mir.

Ich tue Gutes.

Meine Träume werden wahr.

Ich finde immer einen Weg und eine Lösung.

Ich bin ein Geschenk für mein Umfeld.

Ich bin glücklich.

Ich bin stark.

Was glauben Sie? Wenn ein Mensch sich über längere Zeit jeden Tag diese Sätze selbst sagt oder sich diese Sätze anhört, ist dieser Mensch danach noch derselbe? Definitiv nicht.

Wenn Sie sich eine Affirmation erstellen, kommt es nicht darauf an, dass Sie alles, was Sie einbauen, schon jetzt zu 100 % in sich sehen, sondern, dass Sie einbauen, was Sie haben wollen. Oft hören wir, dass Menschen sich Sorgen machen, dass das doch zu viel Selbstlob sei und man dann arrogant werde. Keine Sorge, selbst dann, wenn Ihnen die Gedanken, die Sie sich einprogrammieren, immer wieder durch den Kopf gehen, wird Arroganz nicht stärker, sondern schwächer. Denn Arroganz ist eine Folge von zu wenig Selbstvertrauen und zu wenig Selbstliebe. Loben Sie sich also ruhig selbst. Dale Carnegie sagte einmal:

> *„Geben Sie Menschen einen guten Ruf, den sie noch nicht verdient haben. Es dauert nicht lange und sie werden unterbewusst alles geben, um diesem Ruf gerecht zu werden."*

DER WEG ZUR OPTIMALEN PROGRAMMIERUNG

Um dieses Werkzeug nutzen zu können, sind ein paar grundlegende Regeln zu beachten. Unser Ziel ist es, unser unbewusstes Verhalten zu programmieren. Damit eine Botschaft dort auch ankommt, darf Sie nicht zu lang sein. Wenn Sie mehr Energie in ein Studium geben wollen, ist der Satz „Ich gebe alles für mein Studium, denn ich weiß, dass es in meinem künftigen Leben eine wichtige Rolle spielen wird" viel zu lang. Teilen Sie solche Sätze lieber auf: „Ich gebe alles für mein Studium", und: „Ich weiß, dass Lernen mein Leben verändert." Das wäre schon ein erster Schritt. Aber am zweiten Satz können wir immer noch etwas tun. „Lernen verändert mein Leben" ist schon besser, aber komplett zufrieden sind wir immer noch nicht. Es ist nicht an jeder Stelle sinnvoll und möglich, aber wenn ein Satz das Potenzial hat, positiv formuliert zu werden, dann sollten Sie das auch tun, denn alle Systeme in Ihrem Gehirn springen auf Belohnungen an. „Lernen verbessert mein Leben", ist nicht nur ein großartiger Glaubenssatz, sondern auch ein sehr guter Teil einer Affirmation. Vermeiden Sie aber auf jeden Fall Negativformulierungen. „Ich bin kein Egoist", klingt sicherlich schön, ist aber ein gefährlicher Inhalt einer Affirmation. Denn das Unterbewusstsein kann das Wort „nicht" nicht verarbeiten. Ein simples Beispiel hierfür ist, dass wir Sie nun bitten, nicht an die Freiheitsstatue in New York zu denken.

Ein unmögliches Unterfangen, denn in Ihrem Gehirn gibt es nicht die Möglichkeit, an einen Impuls nicht zu denken, es wird also keine durchgestrichene Freiheitsstatue vor Ihrem geistigen Auge erscheinen. Der einzige Weg, nicht die bekannte Dame aus Amerika vor Augen zu haben, wäre, schnell die Gedanken gezielt auf etwas anderes zu richten. Das ist übrigens auch der Grund, warum viele Eltern mit Kleinkindern große Konflikte haben. Der Satz „Wirf nicht die Spaghetti auf den neuen Teppich" wird von Kindern, die noch kein abstraktes Denken haben als „Wirf die […] Spaghetti auf den neuen Teppich" aufgefasst. Während unser bewusstes Denken irgendwann lernt, abstrakt zu denken, wird das unser Unterbewusstsein nie können. Der Affirmationssatz „Ich bin kein Egoist" wird also als „Ich bin [...] Egoist" eingespeichert. Wir glauben nicht, dass das Ihr Ziel ist.

Wenn Ihnen Sätze übrigens besonders wichtig sind, spricht nichts dagegen, diese doppelt oder dreifach einzubauen. Um den Effekt zu verstärken ist es auch möglich, alles zweimal durchzugehen. Achten Sie aber auf die Länge des Gesamtwerkes. Unsere Empfehlung liegt bei einer Menge an Sätzen, dass es minimal 2 Minuten, aber maximal 15 Minuten dauert, diese laut vorzulesen. Kürzere Zeiträume öffnen Sie nicht mental, bei längeren Zeiträumen ist eine Integration in den Alltag schwierig. Zu Beginn sollten Sie es ohnehin nur ein paar Minuten am Tag probieren, denn sich mal eben zwei Minuten Zeit zu nehmen, ist mit keiner Hemmschwelle verbunden. Sich 15 Minuten Zeit zu nehmen fällt schnell in die Kategorie „Mach ich morgen. Bestimmt."

Geben Sie dieser zunächst sehr simpel erscheinenden Technik auf jeden Fall eine Chance, denn es ist eine mächtige Möglichkeit, Ihren Fokus, Ihren Selbstwert und Ihre Lebensfreude zu steigern.

Schlusswort

Einen weiten Weg haben wir nun gemeinsam hinter uns. Doch dies ist nicht das Ende des Weges, sondern nur eine Abzweigung, die uns in verschiedene Richtungen führt. Ihr Weg zu geistiger High Performance geht auch nach diesem Buch weiter. Daher ist es umso wichtiger, das Gelernte mit so wenig Stress wie möglich in die Praxis umzusetzen. Kehren Sie am besten also regelmäßig zu den Punkten zurück, die Ihnen beim Erreichen Ihrer wirklich wichtigen Ziele am meisten Nutzen bringen können. Sie haben bereits erkannt, dass das Gehirn Wiederholungen über längeren Zeitraum braucht, um etwas wirklich nachhaltig abzuspeichern. Diese Wiederholungen sind es, die echte Veränderungen ermöglichen. Wir persönlich empfehlen daher – nicht nur bei diesem Buch –, lieber ein Buch zweimal zu lesen, als zwei Bücher einmal. Sie werden bei der Wiederholung der für Sie relevanten Kapitel erkennen, dass Sie die Inhalte bei der zweiten Betrachtung auf einer ganz anderen Ebene viel tiefer verstehen können.

Nutzen Sie die Techniken aus diesem Buch auf dem Weg zu einem Level an geistiger Energie, welches einfach nur als übermenschlich zu bezeichnen ist. Wir freuen uns, dass wir Sie auf diesem Weg einige Schritte lang begleiten durften und wünschen uns von ganzem Herzen, dass es Ihnen gelingen wird, in mindestens einem Lebensbereich Veränderungen zu erzielen, auf die Sie in ein paar Jahren lächelnd zurückblicken können.

Herzlichst
Benjamin Schollän
Elena Lautenschlager

Seduktion

Literaturverzeichnis

(Herausgeber), U. H. (2009). *Neurodidaktik: Grundlagen und Vorschläge für gehirngerechtes Lehren und Lernen.*

Birkenbihl, V. F. (2002). *Das innere Archiv.*

Birkenbihl, V. F. (2004). *Trotzdem lernen: Lernen lernen.*

Czerny, S. (2010). Was wir unseren Kindern in der Schule antun: ...und wie wir das ändern können.

Daniel Kahnemann. (2012). In *Schnelles Denken, langsames Denken.*

Dobelli, R. (2017). *Die Kunst des guten Lebens: 52 überraschende Wege zum Glück.*

Frädrich, S. (2011). *Das Günter-Prinzip: So motivieren Sie Ihren inneren Schweinehund.*

Grundschul-Rebellin, Der Spiegel. (Juni 2009).

Jared Reis, P. (1983). *NIH.* Retrieved from https://www.nhlbi.nih.gov/science/coronary-artery-risk-development-young-adults-study-cardia

Kling, M. U. (2017). *QualityLand.*

Marcus, G. (2009). *Murks: Der planlose Bau des menschlichen Gehirns.*

Murphy, J. (2005). *Die Macht Ihres Unterbewusstseins. Affirmationen für Glück und Erfolg.*

Newport, C. (2016). *Deep Work: Rules for Focused Success in a Distracted World.*

Rehn, A. (2012). *Gefährliche Ideen: Von der Macht des ungehemmten Denkens.*

Robbins, A. (2017). Das Robbins Power-Prinzip.

Schmitz, W. (2010). *Schneller lesen – besser verstehen.*

Slater, L. (2009). *Von Menschen und Ratten: Die berühmten Experimente der Psychologie.*

Spitzer, M. (2007). *Lernen: Gehirnforschung und die Schule des Lebens.*

Tolle, E. (2003). *Stille spricht: Wahres Sein berühren.*

Tolle, E. (2010). *Jetzt.*